ラクラク成績が
上がっちゃうコツ
ベスト100

勉強ベタのための教科書

とっしー

飛鳥新社

はじめに

✓勉強に「いきづまり」を感じている人へ

「勉強が苦手」と思っている。

勉強にいきづまりを感じている。

頑張っているのに思うように成績が上がらない。

この本を手に取ってほしいのは、そんなあなたです。

なぜなら、あなたはきっと、「勉強のやり方」を間違っているだけだから。そういう人は、ほんの少し勉強法を変えるだけで、劇的に成績が上がることが多いのです。

「やり方に自信が持てない」

「もっと効率よく勉強したい」

「勉強のワンポイントアドバイスがほしい」

「受験戦略を知りたい」

これらに1つでもあてはまる人も、ぜひ読み進めてください。とっておきの方法を教えますから。

✓勉強ベタな僕が国立大学の医学部に合格できた理由

さて、そう力強く断言している僕は何者か。現在、国立医学部に通う大学生です。

医学部というと「かしこい」というイメージを持たれがちですが、実は高校時代の僕は勉強がとってもヘタクソでした。

高校1年生のときはクラスでビリから2番目をとったことも。なかなか勉強に身が入りませんでした。

2年生の頃からは勉強してもなかなか成績が上がらない時期が続きました。それもそのはず、当時の僕はとても効率の悪い勉強をしていたのです。

「やばい！勉強のやり方を間違えてた！」

そう気づいたのは高3の終わり頃。結局、第1志望の大学には合格できず、浪人の道を選ぶことになりました。

浪人してからというもの、**勉強方法をイチから見直し、「どうすれば最短で合格できるか」を考えに考えまくりました。そして、「合格」という結果を出しました。**

この本のやり方を真似してもらえば、どんな人でも、きっと早稲田・慶応大学あたりは十分目指せます（もともとそれくらいのレベルの人であれば、東大・京大・国立医学部も可能です）。

それくらい、自信のある勉強法です！

✓ 現役医大生・教育系ナンバーワンTikToker

ところで、僕には国立医大生のほかにもう1つの顔があります。

実は僕、**50万人以上のフォロワーを持つTikToker（ティックトッカー）でもあります。**

名前は「とっしー」。

とっしーの
主なSNS情報まとめ

TikTok フォロワー
53万人突破 id tossy40

YouTube チャンネル登録者
4万人突破 名前 とっしー

Instagram フォロワー
3万人突破 id tossy1313

Twitter フォロワー
3千人

『TikTok』は「動画版のSNS」と言えるものです。

最近、世の中では短編動画が大ブームですが、その草分け的存在であるTikTokを僕が始めたのは2020年の5月。

現役医大生・教育系ナンバーワンTikTokerとして「医大生あるあるネタ」や「知っておくとちょっと自慢できる豆知識」「ちょこちょこ役に立つ勉強法」など、見てくれた人が「へ〜」と思うようなネタを中心に投稿しています。

累計再生回数は1億回以上（2021年10月時点）。だいたい毎日投稿していて、1つの投稿に対して多いときは580万回再生、24万くらい「いいね」がつきます。

医学部ネタや勉強ネタを投稿しているせいか、フォロワーのみんなから**「どうしたら成績が上がるの？」「1日どれくらい勉強したら医学部に行ける？」などの質問をもらうこともしょっちゅうあります。**

そういう方たち、そしてまだ僕のことを知らないけど成績が上がらなくて困っている方たちに向けて、この本を書くことにしました。

TikTokでは、「短い時間でまとめて面白く見せる」を求められます。

本書でも勉強のコツを、動画を作るときのように、極力わかりやすい言葉でまとめました。

勉強法の本といえば、理論やら図解やらがいっぱいで、読むのに一苦労ということもあります。でも、**TikTokを楽しむような感覚で、勉強の心得を読むだけでいい**この本は、巷（ちまた）の勉強法の本とはまったく違うものになっています。

✔ 1日1ページで頭がよくなる「勉強コンサル」本

ちなみに僕、家庭教師や塾講師もしていて、これまで300人以上の生徒さんへ勉強を教えてきました。さらに、勉強法について定期的にアドバイスする生徒さんも200人くらいいます。その数、累計500人。

つまり、**この本は僕自身が国立医学部に合格した方法プラス、勉強が苦手な人たちの成績を上げるノウハウの両方で作られている**というわけです。

中学生、高校生、大学生、資格試験を受ける人、TOEIC /TOEFL 受験生、親御さんなど、年齢にかかわらず勉強を頑張りたい人みんなの役に立てるよう書きました。

具体的には、

- 学校でも塾でも教えてくれない、誰もが誤解している勉強法
- TikTok でも大評判の「これは記憶力が上がる」「集中しやすくなる」「やる気が出やすくなる」などの科学的コツ
- とにかく重要な「英語」と「数学」がすぐに得意になるやり方
- 受験本番に最高のパフォーマンスを発揮する作戦
- 視聴者のみなさんから寄せられる勉強に関する質問への答え（「恋愛はしてもいい？」「授業中眠くなったら？」など、先生には聞けないこともたくさん答えてます！）

などなど、**読んだその日からすぐ使えて、効果が出やすいコツばかりを100個厳選しました。**

少しでも「成績を上げたい」と思っている人は、だまされたと思って本書のやり方を真似してみてください。お子さんの勉強に悩んでいる保護者の方は、ぜひお子さんに本書をプレゼントしてあげてください。

もう一度言います。

勉強は「やり方が命」。あなたはそれを知らなかっただけで、勉強に向いていないなんてことは絶対にないんです。

記憶力がよくなくて、集中力もなくて飽きっぽくて、基本的に勉強は嫌いだった僕が言うのだから、間違いありません。

大丈夫、絶対に成績は上がるよ！

Contents

0章 これだけは読め! 今日から役立つ究極のコツ10選

1章 はかどる！続く！科学的に正しい勉強のコツ

2章 「やり方を間違っているだけ」のあなたに伝えたいコツ

3章 合否を決める！「英語」と「数学」のコツ

4章 受験・テスト本番を絶好調で迎えるコツ

5章 視聴者の質問に答えます！ 身近で意外なコツ

6章 終わりに僕が伝えたいこと

0 章

これだけは読め！ 今日から役立つ究極のコツ10選

成績を上げるためのコツはたくさんありますが、その中でも特に大切なものを10個紹介。この10個を勉強に取り入れてもらえれば、絶対に成績が変わってくると断言します！

No.
001

効率を上げる
一番簡単な方法！

集中力が上がる
3大条件

「ある程度の空腹」「涼しさ」「動きながら」で劇的に変わる

勉強がはかどる条件はこれだ

僕が子どもの頃に通っていた塾の先生が授業中に何気なく話していたのですが、次の3つは本当に大事！　この3つを意識するだけで、集中力とやる気の出方がかなり変わります。

①ある程度の空腹

みなさんも経験があると思いますが、お腹がいっぱいになると眠くなります。しかも、2013年の東京都医学総合研究所の研究では**「空腹状態が記憶力をアップさせる」**ことがわかっています。

ただし完全な空腹の状態で勉強を続けることは現実的に難しいと思うので、お腹がすいたらその都度小腹を満たしつつ、三度の食事の際は満腹になりすぎないよう心がけましょう。

ベストの「ある程度の空腹」については、41ページでも説明しています！

②寒さ

「暑いと認知能力が落ちる」という研究結果があります（2018年ハーバード公衆衛生大学院）。僕の経験でも、勉強するときの温度はある程度涼しくするとだいぶ集中力が変わるなと実感しています。

とはいえ寒すぎても集中できないので、自分の家以外で勉強するときは服を余分に持って行き、その場の気温にあわせて着たり脱いだりしていました！

また、「寒そうな画像を見るだけでも効果がある」という研究結果もあったりします。だからスマホの壁紙に雪景色の画像を設定してもいいかもね（笑）！

③動きながら

なんと、**「歩いた後は記憶力が25％アップする」**とイリノイ大学が報告しています。

僕はノートを持って家の近所を散歩しながらインプット作業をするようにしていました。かなり覚えられるのでおすすめ。詳しくは39ページに書いています。

No.
002

誰もが知りたい
ミスを減らす方法

「水たまり理論」でミスはなくせる！

1冊のノートが
あなたの人生を救います

「水たまり」と「ミス」は似ている！

ちょっと思い出してみてください。雨の日、スマホを見ながらぼーっと歩いていて、水たまりにつっこんじゃうこと、ありませんか？

そのときに「うわ、こんなところに水たまりあったのか」と思うと、それ以降は、自然とその水たまりを避けたり気をつけたりするようになりますよね。

これを僕は**水たまり理論**と呼んでいます（笑）。

テストでのミスの避け方もこれと一緒で、1回したミスをメモして覚えておくといいのです。

「ミス一覧ノート」が便利

僕は大学受験時、自分がしたミスをメモしたノートを作っていました。

計算ミス、読み間違い、勘違い。こういう凡ミスを少しでも減らすためには「次に同じミスをしない」のが大事。

そもそもミスというのは「ちょっとした癖」が原因になっていることも多いので、普段の勉強時から気をつけなければなりません。

そのためには、ミスをする度に、それをどんどんノートにメモしておくのです。

計算ミスはもちろん、数学の「等差数列」と「等比数列」を読み間違えたり、二次関数の接線の式の計算で違うものを使ってしまったり、社会のデータ問題で計算対象にする数字を間違えたり……。

これらは僕の実例ですが、こういったミスも、**ミス一覧ノート**を作るようになってからは減っていきました（もちろんそれでも、新しいミスはたくさん出てきますが……）。

そしてテスト前にはこのノートを読み返して「気をつけよう」と意識してから臨んでいました。受験でもたった1点が合格と不合格の分かれ目になることがあるので、気を引き締めよう！

No.
003

次のテストから
すぐにでも
得点アップする方法

テスト前日は
鉛筆を持つな！

新しいことを覚えるより、
ひたすら確認に集中せよ

テスト前日は今までやってきたことの総復習・総確認をする

テスト前日に問題を解いている人、いませんか。

「そんなの当たり前でしょ？」という声が聞こえてきそうですが、**その勉強法、実はちょっと微妙かも。**

というのも、新しい問題を解くのに夢中になるあまり、これまで覚えてきたことが抜けてしまったらもったいないからです。

だからテスト前日はこれまでやってきた内容にできるだけたくさんの目を通す**総復習・総確認**をします。

鉛筆は持たず「これはこうだったよね、それで次のこのパターンはこう！」といった感じで、テンポよくポンポンと再確認し、頭に入れてください。

新しいことは基本覚えなくていい

前日にすべきことの例は下記です。

- 先生から配られたプリントや学校指定の問題集の解答を読んで確認する
- 一問一答形式の問題を、口頭で答える形で確認する
- 教科書に準拠した市販の問題集『教科書ワーク』の問題と解答を読んで確認する
- 解けなかった問題ばかりを集めたノートがあれば読んで確認する

ようするに**確認作業**ですね。

基本的に新しい問題に取り組む必要はありませんが、「これも覚えられそう」と思うものがあったら、追加で少し覚えるくらいは許容範囲。

また、「この問題は手を動かしてやらないと不安だな」という問題だけは鉛筆を持って実際に手を動かすのもアリです！

No.
004

残念な勘違いをしている人多し！

教科書で勉強するな！

参考書の方が10倍わかりやすい

教科書は辞書として使おう

本気で成績を上げたいなら、教科書での勉強は絶対ダメ！

なぜなら教科書は「わかりにくい」からです。

コンパクトに内容がまとまってはいますが、「なんでそうなるの？」「その背景は？」といった部分が省略されているから理解しにくいし、くだけた表現なども使われていません。だからイマイチわかりやすさに欠けます。

まあそれは仕方のないことでもあります。

教科書の最後のページ、見てください。「著作関係者」「編集委員」などの欄には、ずらっと何十名もの名前が挙がっていますよね。

これだけの先生たちのチェックが入るということは、つまり**「無難」な感じにまとめられている**ということ。

だから辞書や手引きのような感じで使うにはいいですが、**成績を上げるための道具としてはあまり向いていません。**

参考書には知られざるメリットがたくさん

では何を使うかというと、市販の参考書を使います。

買うときに1つ注意してほしいのは、「**一人の著者が書いている参考書**」を選ぶことです。

複数の著者が書いた参考書は教科書と同じく無難な感じにまとまりがちですが、一人の著者ならその人が好きなように**上手いたとえやわかりやすい表現を使って書かれている**ことがほとんどです。

教科書の何倍もわかりやすく説明されているにもかかわらず、参考書で勉強している学生はあまり多くない印象があります。

学校からもらったものだけに頼らず、参考書を活用すれば他の人と差をつけられるよ。ちなみにおすすめの参考書は86～89ページで紹介しています。

No.
005

長期記憶にする方法

究極の奥義「7-3勉強法」

初めて覚えるものは1週間以内に
最低3日は学習しよう

「確認」をしないと、一度覚えても無駄になる

受験でよい結果を残すためには「一時的に覚えている」だけでは無理！

短期記憶ではなく、長期記憶にする必要があります。

試行錯誤した末、僕は**「初めて覚えるものは1週間以内に最低3日は確認する」**とルールを決めました。これを**7-3勉強法**呼んでいます。

たとえば何か1つ新しい英単語を覚えたとします。

そうしたらその後は1～2日おきくらいに1週間（7日間）のうち2回は絶対に確認するのです。月曜日に新しく覚えたら水曜日と土曜日に確認し、合計3回。

ここでは「1週間以内に」という点が重要なポイントになります。

初めて覚えてから次に確認するまでに丸1週間以上あけてしまうと、もはや新しく覚える状態に近くなってしまうからです。

記憶を効率的に定着させる

完全に忘れきる前、つまり1週間以内に3回ほど学習すれば、思い出す作業自体も素早くできます。

何度か繰り返していると、ちょっとした確認で脳が思い出してくれるようになります。

定着度次第で頻度は調整しつつ、基本的にはその後も週2程度で確認は続けます。

……**こうやって短期記憶だったものがどんどん長期記憶になっていき、やがてすっかり定着してくれる**というわけです。

ちなみに「確認」というのは、もう一度眺めてみて「そうだったな」と思い出せばOKです。

数学や理科など本来は手を動かして問題を解く必要のある科目も「こうして、こうやって、こうなって、こうね、ふんふん」とい「やり方」だけを確認すれば大丈夫！

No.
006

脳を一瞬でリフレッシュ

昼寝で学力が上がる

20分の昼寝で
8時間のスタミナが取り戻せる

NASAも認める「昼寝」のパワーが凄い！

「昼寝は絶対にしたほうがいい」という研究結果が各所で報告されています。

だからみんな！

勉強中や作業中に眠くなったら迷わず寝てしまおう（笑）！

NASA（アメリカ航空宇宙局）の研究によると、**26分の昼寝をすることで注意力が54％、認知能力は34％アップする**そう。

つまり昼寝をすると脳が活性化するということです。

「お昼ごはんの後に20分」が最も効果的！

ただ、1つ注意があります。

昼寝は時間とタイミングが大事。

睡眠に関する著書を出しているカリフォルニア大学のサラ・メドニック助教授によれば、**15～20分が一番効果的**で、それ以上とると逆に体がだるくなってしまうそう。

たったそれだけの時間でそんなに回復するのか不思議な気もしますが、同教授によると、なんとたった20分の昼寝でその後の8時間を頑張れるパワーを取り戻せるらしい。

昼寝のパワー、凄すぎる……！

だけど夕方の遅い時刻に寝てしまうと夜に眠りにくくなってしまうので、**昼寝は午後の早い時間**がおすすめ。

ちょうどお昼ご飯の後くらいですね。

食事の後は眠くなりやすいし、そのまま20分くらい寝てから勉強を再開するのがよさそうです。

積極的にお昼寝して、学力アップにつなげよう！

No.
007

9割の人が
勘違いしている事実！

苦手分野は苦手なままでいい

変に得意になろうとするな

苦手教科にこだわりすぎると逆効果

「苦手教科こそ時間をかけて克服しろ！ 得意になれ！」と言っている先生をよく見かけますが、**僕は大反対です。**

そもそも苦手なのに、そこから得意になることなんかほぼないと思うから。

苦手教科に時間を割いてしまうと、かけた時間のわりに成績が伸びなかったり、得意教科に時間をまわせなくなる分、そちらの点数まで下がってしまったりするケースもあります。

たとえばスポーツの世界でも、足の速い野球選手はバッティングよりも足の速さを活かしたプレーに磨きをかけろと言われることがあります。

それは勉強でも同じで、苦手教科や苦手分野に時間を使いすぎるより、**得意教科をもっと得意にしてやろうという考え方**を持ってほしいのです。

実際にあったお話

僕が家庭教師をしていた生徒に、数学が苦手で英語はけっこう得意という子がいました。本人は「数学を頑張りたい」と言っていたのですが、英語の方にもまだ伸びしろがありそうだと僕は感じました。

そこで数学は最低限にして、英語に力を入れてもらうことにしたのです。

その時点でその子は高3、すでに9月でした。

この作戦は功を奏し、それまで模試で120点くらいだった英語が、共通テスト本番では160点弱に。結果、めでたく志望大学に合格！

受験勉強は年単位のスパンなので、長い目で見たモチベーションも大事です。

試験はあくまでも合計点での勝負がほとんどなので、**苦手教科を頑張りすぎたせいで勉強全体へのモチベーションが下がってしまうと本末転倒。**

もちろん苦手教科を全くやらないのも危険ですが、苦手教科は足を引っ張らない程度にしておいて、全体を引き上げることを目指してください。

No.
008

成績をキープする方法

「できた問題」こそやり直そう

「運よく解けた」から
「100％解ける」へ

間違えた問題の復習よりも「できた問題の復習」が大事

「間違えた問題を必ず復習する」はたしかに大事ですが、**それ以上に「できた問題」を復習することが成績を上げるポイント。**

成績を維持するのって意外と大変です。

記憶はどんどん薄れていくので、全く勉強しなかったら、当たり前ですが成績は落ちていきます。

今日できた問題が2週間後に必ずできるかと言われたら、実はそうではないんです。

ちなみに僕はTikTokでもフォロワーを増やすことと同じくらい「フォローを外されないこと」も大事にしています。

これは勉強も同じで、**できない問題を「できるようになる」のと同じくらい、できた問題を本番の日まで「でき続ける」ことが大事。**

みんなあまり「正解した問題」は復習しないので、意外とここで差がつきます！

成績は「維持」を心掛けよ

僕はテストや模試を受ける度に、できた問題の自信度をレベル分けしていました。

❶ 100％の自信があってできた問題

❷ 80％の自信があってできた問題

❸ 半分くらいの自信があってできた問題

❹ ほぼマグレでできた問題

まず②～④は、テスト後にしっかり解き直しをし、その後も1ヶ月に1回くらいは確認を続けてください。

①も、最低でも4ヶ月に1回くらいは解けるかどうかをもう一度確かめるようにしましょう！

No.
009

モチベーションの真実

「やる気が出る方法」は科学的に存在しない

これだけは「気持ちの強さ」しかない

やる気に関する質問は多いけど……

「やる気ってどうやったら出ますか？」というDMが、ほぼ毎日のように届きます。

気持ちはよくわかるのですが、こう答えるしかありません。

「『確実にやる気がでる』という科学的根拠がしっかりとある方法は、世の中に存在しない」。

そんな残酷な現実において、どうやってやる気を出せばいいのか。

僕なりの答えは、結局**気持ちの強さ**。

志望大学に行きたい気持ちが強い人、このテストでよい点数をとりたいという気持ちが強い人。

当たり前ですが、そういう人ほど勉強を頑張れるものです。

だったら目標は3ランクくらい高く設定すればいいのです。

そして、そこに向かっていかに本気で取り組めるか。

結局はこの部分がいわゆる「やる気」につながってきます。

僕自身も医学部受験の際、「受かったらいいな」ではなく「本気で受からなくてはヤバイ」と思いながら取り組んでいました。

やる気がでるためのプチ裏技2選

確実にやる気を上げる方法は科学的には存在しないのですが、それに近しい方法はあるので、ご参考までに2つ紹介しておきます。よかったら試してみてください。

① 猫の動画を見る

猫の動画を見た後は物事に取り組む意欲がわくほか、ネガティブ感情もやわらぐ可能性が高いという研究結果があります（2015年インディアナ大学）。

②「パワーポーズ」をする

背筋を伸ばし、胸を開いて直立する。手を腰にあてて2分キープすると自信を高めるホルモンが20％アップ！（2017年コロンビア大学）。

No.
010

実はIQが
高い人だった！

ゲーム好きほど
勉強できる

その攻略力を活かせ

ゲームをすると頭がよくなる？

ゲーム好きな人に朗報！

ゲーム上手はIQが高いことがヨーク大学の研究チームによって報告されています（2017年）！

この研究によると、プレイヤーがチームに分かれて相手チームの本拠地を破壊するタイプのゲームの場合、そのパフォーマンスとIQとに相関関係が見られたそう。

この手のゲームはいわゆる**戦略系**と呼ばれるタイプです。

客観的な視点で計画的に戦うことが求められるゆえ、IQが高いほうが有利ということなんですね（ちなみにシューティングゲーム系は相関関係が見られなかったらしいです)。

ちなに「医学部生はやっぱりみんなゲームしないんですか？」ってたまに聞かれたりするけど、全然そんなことはなくて、むしろゲーマーが多いです。

勉強における攻略本＝この本

ゲーム好きな人はよくわかると思いますが、効率よく進めるために**攻略本**を買いますよね。

買った攻略本を読み込み、さらにそれを参考に何時間も何時間もゲームをやりこみますよね。

それと同じように、勉強にも攻略本が必要です。

ゲームでいう攻略本が、僕が書いているこの本というわけ。

みんながゲーム攻略本を読むのと同じくらいのテンションでこの本を読み進めてみてほしいです。

ゲームが得意な人が本気で勉強に取り組んだら、たぶん成績も一気に伸びるというのが僕の予想です！

Column

普通の高校生が国立医学部に合格するまでの物語（前編）

✔勉強は「量」じゃなく「やり方」が大事

僕のことを「医学部に合格するくらいだからもともと頭がよかったんでしょ」と思う人もいるかもしれません。

残念ながら全くのハズレです。**正直、勉強にはかなり苦労しました。**どれだけ頑張っても成績が上がらない期間も相当長かったです。

「はじめに」でも少し触れたように、僕はもともとあまり記憶力がよいタイプではないうえ、飽きっぽくて集中もあまり続きません。

だからやみくもに勉強していただけの時期は「こんなに勉強しても成績って上がらないんだ？」と笑ってしまうほど成績は伸びませんでした。

でも「このやり方ではダメだ」と気づいてからは「じゃあ、どうすれば上手くいくのか」を人一倍、必死で考えました。

そんな僕が長年考えてきた方法が、この本にはぎっしり詰まっています。

このやり方で勉強を再開してから面白いくらい結果がついてくるようになった僕は**「勉強はやり方が命だ」**と確信しました。

みなさんの周りにも「あの人は頭がいい」と思う人がたくさんいると思います。でも、いくら地頭がよかったとしても、やり方が上手くなければ最終的にはそこそこの点数しかとれません。

逆に、そんなに地頭が優秀じゃなかったとしても、やり方が上手ければ絶対に望む大学に合格することはできます。

このコラムでは、ごく普通の脳みその僕がどんな勉強人生を送ってきて今に至るのかを明かします。「成績って環境とやり方次第なんだな」ということが伝われば嬉しいです。

✔ いい感じだった中学時代

僕が初めて勉強らしい勉強と出会ったのは小4のとき。中学受験のための塾に入ったのです。

これは僕の意志ではなく、親が行けというから**「そんなもんか」と思って通っていただけ。**当時少年野球を頑張っていた僕としては「野球の時間が減っていやだな」と思っていたくらいでした。

なので、たいしてまじめに勉強せず、塾の中での成績もイマイチ。

ところが小6のとき、学校の友達で嫌いな相手ができました。「あいつと一緒の公立中学に行きたくない！」、そう思った僕はやっとまじめに勉強を始めました。

しかし、本気になるのが遅かった！　残念ながら希望の中学には合格できず、そのまま地元の学校に進学することに。

ただ、ここで嬉しい誤算が。中学校に入って初めての定期試験で、なんと**学年1位**を取ったのです。というのも、中学受験をしていたおかげで**学力の「貯金」**があったんですね（塾代が無駄にならなくてよかった～）。

ここで自動的に「勉強できるキャラ」になってしまった僕は、「この評価をキープしなきゃいけないかも」的な空気を読んでサボるわけにはいかなくなりました。しかも小学校の卒業アルバムで「将来有名になりそうランキング」で2位、「頭よくなりそうランキング」でもランクインと、周りから期待されることに喜びを覚えた僕は「よっしゃ、いっちょ勉強でもしとくか」と上り調子で勉学に励み、見事、愛知県で一番レベルが高いとされる高校に合格。

僕が中学受験に落ちたときはがっかりしていた母親も、このときはとても喜んでいました（笑）。

しかーし！このまま順風満帆にいくわけもなく、僕の成績とやる気はここから一気に下降線をたどることになるのです……。

1 章

はかどる！　続く！
科学的に
正しい
勉強のコツ

「とにかくラクして効果がほしい」という人に向けて、習慣を変えるだけで結果が出るスゴ技を紹介します。僕自身が試して効果のあったものだけを科学的根拠と共に一挙公開！

No.
011

記憶力が
3割アップする方法

勉強は歩きながらしろ!

ベッドでゴロゴロしながらもOK!

勉強は歩きながらが科学的に最強！

「勉強は座ってやるもの」と思いこんでいる人、いませんか⁉

実は勉強は歩きながらするもの……というのはさすがに言い過ぎだとしても、**暗記作業に関しては歩きながらのほうが効率的に行える**んです！

15ページで紹介した研究「歩いた後は記憶力が25％アップする」でもその効果が実際に証明されています。

実際、僕も体感していて、受験生時代もしょっちゅう歩きながら勉強していました。座って勉強していて「飽きたな」と思ったら、覚えたい内容をまとめたノートやメモを持って近所の公園や川べりへ。そしてひたすらのんびり歩く。

歩くペースはかなりゆっくり。ノートを見つつ覚えたいことをボソボソと口に出しながら歩く姿はちょっと奇妙だったかもしれませんが、気にしない、気にしない（笑）！

疲れてきたら公園のベンチに座ったり、カフェに入って30分くらい座って続きをしたり。そしてまた外に出てのんびり歩きながら暗記する。この流れでインプット作業をこなしていました。

ベッドでのゴロゴロ勉強もよい！

ちなみに「歩きながら勉強」の一番のネックは天気に左右されること。天気が悪い日は自宅や建物の中など、雨に濡れない場所をうろうろするのもアリです。

また、歩く以外にも、**ソファやベッドで寝転がったり、机でご飯を食べたりしながら勉強することもよくありました。**これ、全然悪いことではないんですよ。「座ってやらなきゃ勉強じゃない」のは単なる思い込みです。

なお、座りっぱなしのリスクについて研究しているオーストラリアの研究機関のデータによると、1時間座りっぱなしだと22分寿命が縮まるという計算に……。怖いよね！　机だけで勉強するとあまり体によくなさそうです。

No.
012

食事が
意外と大事な理由

満腹は勉強の敵

ある程度の空腹状態を保とう

友達とお昼に行っても満腹にするな！

14ページの「集中力が上がる3大条件」でも書いたように、とにかく「お腹いっぱい」はNG。

すぐ眠くなるし、やる気が失われるし、頭を使いたくなくなるし！

だから、勉強するためのベストコンディションを保つために食べ方はけっこう大事な要素になってきます。

塾などで勉強していると、友達と昼食に行って、ついたくさん食べてしまうなんてことがあるかもしれません。でもそこはグッとこらえよう！

僕で言うと、**ガストや吉野家の単品くらいがちょうど腹七〜八分目のライン。**味噌汁や卵をつけてセットにしたいのはやまやまですが、ガマン、ガマン……という感じでやり過ごしていました。

でもお腹がすきすぎるとそれはそれで集中できないので、小腹を満たす程度の間食で調整します。僕がよく食べていたのはチョコレートやファミチキ、パンなどです。

試験前日に食べてはいけないものって？

また、試験前日や受験前日は「『受験に勝つ』にかけてカツ丼を食べる！」みたいな話を聞いたことがある人もいると思いますが、実はあまりおすすめできません。

前日に限って特別なことをしてしまうと、いつもとの違いに身体が反応してお腹が痛くなるなど、身体に影響が出かねないからです。

だから**いつも通りのご飯を食べたほうが安全**です。

それと、「1回お腹をこわしたことのあるメニューを避ける」のも大事。僕の場合、ラーメンやカツは試験前日には避けています。おいしいし好きなのですが、あんまり胃腸が丈夫じゃないのか、お腹をこわしたことがあるからです。

少しだけ日常生活の中で食べ方を意識してみると成績向上にもつながるかも！

No.
013

さらに、飲み物も大事！

勉強中のコーヒー、カフェラテはとてもよい

ただし1日3杯まで！

コーヒー好きが手にする武器

コーヒーやカフェラテ、紅茶、緑茶などにはカフェインが含まれています。

カフェインに眠気覚ましの効果があることはよく知られていますが、それだけじゃなく、**記憶力**や**集中力**を高める力もあるんです！

この事実を突き止めたのはジョンズ・ホプキンス大学の研究チーム。

「コーヒー2杯分に相当するカフェインを摂取することが記憶力を増強する」という結果が2014年に報告されています。

コーヒーはなんとなく気分転換したいときに飲む人が多いと思いますが、記憶力まで向上するなんてことがわかれば、**もはや受験生がカフェインをとらない理由はなさそう（笑）。**

しかもカフェインには、記憶力向上以外にもいろいろとよいメリットがあります。

1日3～5杯のコーヒーがガンや脳卒中などによる死亡率を下げたり、認知症を予防したりすることが研究で明らかになっているんです。

自律神経のためには1日3杯まで

このように「いいことずくめ」のように思えるカフェインですが、飲みすぎはダメ。

というのも、カフェインをとると**自律神経が乱れやすくなる**から。

自律神経が乱れると、頭が痛くなったりなんとなくだるくなったり無気力になったりします。

僕も昼食後や午後に一息つきたいタイミングなどによくコーヒーを飲んでいますが、個人的な基準として「**多くても1日3杯まで**」と決めています。

「緊張型頭痛」というタイプの頭痛を持っている人はカフェインが頭痛を引き起こす原因になるのでそこも要注意です！　自律神経については107ページで後述しているので、参考にしてね。

No.
014

諸説あるけど、
結局アリ？ ナシ？

音楽を
聴きながらの
勉強はよい！

ただし1つ条件あり

「音楽は勉強のジャマ」はウソ？

勉強中に音楽を聴いていいかどうか迷ったことのある人はいませんか？**「音楽を聴いていると勉強に集中できないでしょ」**と周りに言われたことのある人も多いかもしれませんが、実はあながち**そうでもないんです！**

音と集中力に関する研究はいくつもあります。

- クラシック音楽を聴くと脳が活性化する（2007年スタンフォード大学）
- 落ち着きのない子どもはホワイトノイズ（「シャー」という音）がある方が先生の話に集中できる（2010年ストックホルム大学）
- 心地よい音楽を聴くと快楽物質のドーパミンが脳から放出される（2011年マギル大学）

つまり音楽を聴きながらの勉強は、集中力が上がって効果的ということ。

ただ、注意点としては**「歌詞なしの曲が好ましい」**という点です。「歌詞のないもので自分が心地いいと感じる音楽」であれば、集中力アップが期待できそうです！

ベストはクラシック、でもときには歌詞ありの曲も

ただし、いくら歌詞のないものであっても、たとえばJ-POPをオルゴールにしたようなものはあまりおすすめしません。脳の中でつい歌詞を再生してしまうから。

となると、やっぱりクラシックがベストかも。

ちなみに僕は、国語や英語などの文章を読む必要がある教科を勉強するときは無音派。それ以外の教科のときは、気分転換とわりきって堂々と歌詞ありの曲を聴くこともあります。歌詞を意識しちゃうとはいえ、全く勉強に集中できないわけではないので、あくまでわりきって、というところがポイント（笑）。

勉強中は左脳ばかりを使いがちなので、音楽を聴いて右脳をリラックスさせると集中力が戻ってくるかもね♪

No.
015

嗅ぐだけで「記憶力が増す」匂いって？

防虫剤にも使われる「あの匂い」が脳にいい

ローズマリーの凄い力

「匂い」と「記憶」は結びつきやすい

「この匂いを嗅ぐとあの頃のこと思い出すんだよなー」といった思い出の「匂い」、ありませんか？

嗅覚って実は他の感覚よりも記憶や感情と結びつきやすいんです。理由は、大脳辺縁系（だいのうへんえんけい）に記憶と感情を処理する「扁桃体（へんとうたい）」と「海馬（かいば）」があり、匂いの刺激はダイレクトにそこへアクセスするから。

特定の匂いを嗅ぐとそれと結びついた記憶を思い出す現象のことを「プルースト効果」と言います。冒頭の「この匂いを嗅ぐとあの頃のこと思い出すんだよなー」はまさにそれ。

そんな嗅覚の特徴を勉強に利用するとしたら、たとえばこれまで頑張っていたとき（部活や習い事などでOK）によく嗅いでいた匂いやその記憶に紐づいている**思い出の匂いなどを勉強机のそばに置いてみます。**すると自然と気持ちがシャキッとするはず！

ローズマリーの香りで頭すっきり！

おすすめは、集中するとき用の**特定の匂い**を決めておくこと。

勉強するときはいつもその匂いを嗅ぐようにしておいて、いざテスト本番前にも同じ匂いを嗅げば、**脳が自動的に集中モードになるうえ、これまでに覚えた内容も思い出しやすくなってくれる**というわけ。

このときに使う匂いは好きなものなら何でもいいですが、もし嫌いでなければローズマリーがおすすめ。なぜなら、「ローズマリーの匂いが勉強の成績を向上させる」という研究結果があるからです。

ノーザンブリア大学の研究で、**ローズマリーの香りのする部屋でテストを受けたところ、無臭の部屋よりも結果がよかった**そう。

ローズマリーってちょっとツンとしたシャープな匂いで、わかりやすくいうと「防虫剤に使われる樟脳（しょうのう）の香り」。もし匂いに迷った人はローズマリーを選んでみてもいいかもしれません！

No.
016

みんな知りたい！
SNSでよく聞かれる
質問がこれ

記憶力をアップする最強の方法って？

研究が証明する、
とっておきの3つ教えます

記憶力を上げるために

「記憶力はどうやったら上がりますか？」

TikTokやInstagramのDMで、この質問は本当にたくさん届きます。

ちょっときつい言い方かもしれませんが、**「いかに本気で覚えたいか」**が、影響してくるんじゃないかと僕は思います。

一番大切なのは「今目の前にあることを絶対に覚えてやろう」という気持ちがどのくらいあるか。

だって、「これを覚えたら1千万円もらえます」という企画があったら、みんな本気で覚えるでしょ（笑）!?　だから、どれだけ意思があるかが大事なんです。

ただし今の話はあくまでも気持ちの問題なので、実際に研究として証明されている方法も紹介しておきます！

ものは試しで、ぜひやってみてね～！

今すぐできる！リフレッシュして記憶力アップする小技3連発

①目を左右に動かす

トレド大学のステファン・クリストマン博士の論文（2008年）によると、30秒ほど眼球を左右に動かすだけで、被験者の記憶力が10％高まったそう。

②クラシック音楽を聴く

スタンフォード大学が2007年に行った研究では、クラシック音楽を聴くと脳が活性化し、記憶力と集中力がアップすると報告されています。

③場所を変える

1970年代にミシガン大学が実施した記憶に関する実験では、1度目のテストと2度目のテストで場所を変えたグループは、40％も成績がアップしたといいます。

No.
017

平常心を保つ
驚きのルール

試験中に水を飲むと結果がよくなる

そのパワーをあなどるな

コーヒーや紅茶だけでなく「水」を飲もう

「最近なんだか体調がよくないな」ってとき、ありませんか？

体調がよくないとそもそも勉強をする気にもなりませんよね。

そんなときは「水」を飲んでみてください。風邪や病気ほどではないなんとなく不調の原因が、体内の水分不足のことがあるからです！

体内の60％は水分。**足りなくなると一気に体内のバランスが崩れます。**

実際に僕も、水をよく飲むようにしたらアラ不思議、一気に体調が戻ってきた……なんて経験があります。だからみんなも、ぜひ意識的に水を飲むようにしてみて。

また、2013年にイースト・ロンドン大学の研究者たちが神経科学専門誌に発表した論文によると、**0.5リットルの水を飲んでから知的作業に取り組んでもらうと作業効率や集中力・記憶力が向上した**そう。

ちなみに「水分」と「水そのもの」は別です。コーヒーや紅茶も水分ですが、カフェインが入っているので要注意。カフェインの利尿作用によって体内の水分が尿として出てしまうので、ほどほどにしておいたほうがいいです。

テスト中に気持ちを一瞬でリセット

あと、僕がよく使っていたちょっとした裏技も紹介しておきます。

テスト中に「うわ、思ったより難しい……」「やべ、ぜんぜんできないかも」など、プチパニックになりそうなとき、あるじゃないですか。

そのままパニックになると総崩れするので、「水」を使ってそれを防ぐのです！

具体的には「すみません、水飲んでいいですか」とその場で挙手して確認し、**勝手にプチブレイク**をとるという作戦です。「手を上げて発言し、ボトルを手に取り、蓋（ふた）を開け、水を飲み、ボトルを戻す」という一連の作業を挟むだけでも、心が落ち着きを取り戻せる可能性があります。

平常心を取り戻してテストの続きに臨もう！

No.
018

勉強は掃除から始まる

汚部屋の人は成績が上がらない

環境づくりが想像以上に大事なワケ

部屋は綺麗にしておこう

勉強するための環境って、実はすっごく大事です。

たとえば「は〜、めんどくさいけど勉強始めるか」と思ったときに部屋が汚かったら、まずやる気が出ませんよね。さらに使いたい参考書やノートがどこにあるかわからなければ、ますますやる気がなくなります。

この事実はいくつかの研究でも証明されていること。僕もあまり片づけが得意なほうではありませんが、勉強部屋だけは片づけて、参考書をすぐに取り出せるように意識しています。

ちなみに**参考書や勉強道具はすぐ見える場所に置いておく**と、あまりやる気がないときにも**「ま、やっとくか」みたいな感じで手をつけやすくなる**というメリットがあります。何事も始めるまでが一番大変なんですよね。

勉強しやすい環境を自分で作る

また、実家で勉強している人の中には、家族がたてる音が気になるという人もいるんじゃないかなと思います。

家族の会話が聞こえて気になっちゃう、テレビの音がうるさい、などなど。そのあたりは家族としっかり話し合う必要がありそうです。もし家族が協力的でなかったり、家が狭かったりする人は、外で勉強するのもアリだと思います。

大事なのは**「今日は集中できたな」という日があったら、次回も同じ場所や環境で取り組むこと。**

室温だったり、場所だったり、静かさだったり、匂いだったり、明るさだったり、時間だったりと、集中できる環境は人それぞれだと思いますが、自分のベストを見つけるだけで一気に効率がアップ！

ちなみに僕は予備校の教室でお気に入りの席があったので、そこを毎日確保するために、朝イチで登校するようにしていました。

No.
019

手軽に脳を活性化

ガム噛みながら勉強しよう

アスリートもやっている方法

心理学者チームの驚くべき研究

「ガムを噛むと記憶力や集中力がアップする」という研究結果を知っていますか？

2011年、セントローレンス大学の心理学者チームは学生を「作業の前に5分ガムを噛む」「何もしない」の2つのグループに分け、その後、論理的な読解力や認知力が求められるようなテストを受けてもらう実験をしました。

結果、6つのテストのうち5つで、**事前にガムを噛んだグループのほうが明らかに成績がよかった**らしい……！

ということは、テストの前にガムを噛んでおけば脳にエンジンがかかった状態で取り組めるということ。その結果、いい点数がとれるかも。

ちなみに**ガムの効果は20分**しか持続しないと言われていますが、僕としては20分もあれば十分な気もします。

その時間だけでもたくさんのことが勉強できるし、勉強していて「ちょっと集中力切れたな」というタイミングでガムを噛んで、プラス20分頑張る、というイメージ。

虫歯になりにくいキシリトール入りのタイプが僕のお気に入りです。

噛めば噛むほど脳が活性化する！

ところでなぜガムを噛むと成績が上がるのかというと、「噛むこと」が脳を活発にするから。

2008年に自然科学研究機構が「ガムを噛むことで脳波がどう変化するか」を実験していて、よく噛めば噛むほど脳が活性化することが明らかになっています。脳が活性化するというのは、**集中力が上がったり、反応速度がはやくなったりする**ということ。

野球選手がよく試合中にガムを噛んでいるのを見たことがある人もいると思いますが、とても理にかなった方法だったんですね。

勉強だけじゃなく、運動部で頑張っている人にもガムはおすすめです！

No.

020

性格で成績が決まる!?

成績上げたきゃ陽キャになろう!

新しい経験に
興味をもつ人ほど伸びる

このたびは飛鳥新社の本をご購入いただきありがとうございます。
今後の出版物の参考にさせていただきますので、以下の質問にお答え下さい。ご協力よろしくお願いいたします。

■この本を最初に何でお知りになりましたか

1.新聞広告（　　　　　新聞）
2.webサイトやSNSを見て（サイト名　　　　　　　　　　）
3.新聞・雑誌の紹介記事を読んで（紙・誌名　　　　　　　）
4.TV・ラジオで　5.書店で実物を見て　6.知人にすすめられて
7.その他（　　　　　　　　　　　　　　　　　　　　　）

■この本をお買い求めになった動機は何ですか

1.テーマに興味があったので　2.タイトルに惹かれて
3.装丁・帯に惹かれて　4.著者に惹かれて
5.広告・書評に惹かれて　6.その他（　　　　　　　　　）

■本書へのご意見・ご感想をお聞かせ下さい

■いまあなたが興味を持たれているテーマや人物をお教え下さい

※あなたのご意見・ご感想を新聞・雑誌広告や小社ホームページ上で
1.掲載してもよい　2.掲載しては困る　3.匿名ならよい

ホームページURL http://www.asukashinsha.co.jp

郵便はがき

63円切手を
お貼り
ください

101-0003

東京都千代田区一ツ橋2-4-3
光文恒産ビル2F

(株)飛鳥新社　出版部　読者カード係行

フリガナ	性別　男・女 年齢　　　歳
ご氏名	
フリガナ	
ご住所〒 TEL　　　(　　　　)	
お買い上げの書籍タイトル	
ご職業 1.会社員　2.公務員　3.学生　4.自営業　5.教員　6.自由業 7.主婦　8.その他 (　　　　　　　　　　)	
お買い上げのショップ名　　　　　所在地	

★ご記入いただいた個人情報は、弊社出版物の資料目的以外で使用することはありません。

「明るくて好奇心旺盛で勤勉な人」ほど成績がいい

性格と成績の関連について調べた面白い研究があります！

2014年、グリフィス大学のアーサー・ポロパット博士が発表した論文によると、「単に知能が高いだけの生徒」よりも、**「明るく知的好奇心旺盛で勤勉な生徒」のほうが、成績がよい**そう。

つまり成績を決めるのは知能よりも**本人の性格**ってこと。

この研究では、人間の性格をざっくり分類するための5つの因子「開放性」「情緒不安定性」「協調性」「誠実性（勤勉性）」「外向性」をもとに分析していて、中でも特に成績に大きな影響を与えていたのは**開放性と誠実性（勤勉性）**の2つだったそうです。

「開放性」というのはどれだけ自分を開放できるかということ（つまり、どれだけ新しい経験に開放的になれるか、知的好奇心旺盛かどうか）。

「誠実性（勤勉性）」のほうは、どれだけルールを守って計画的に頑張れるか（つまり、どれだけストイックか）。

まとめると、明るく何にでも興味をしめす「陽キャ」のほうが学力は伸びやすいんです！

自分は「陰キャ」だなと思う人へ

ただし、ここでいう「陽キャ」は、実際に学校での立ち位置である「陽キャ・陰キャ」と一致するとは限りません。たとえば普段はおとなしいのに漫画の話をするときは突然テンション上がる、という人。こういう人も実は「開放性」と「誠実性（勤勉性）」が高かったりするわけです。

ようするに、勉強に関して好奇心旺盛かつ大胆に挑める人は、成績がよくなりやすいということ。

しかも先述の論文を発表した博士によると、**性格は変えられるもの**らしい。

だから「自分はこの性格だから無理」と思いこまず、「開放性」と「誠実性（勤勉性）」を意識して勉強に対する姿勢を変えていこう！

No.

021

テンション
下げるどころか
喜ぼう！

雨の日こそ学力アップのチャンス

晴れより雨のほうが記憶力3倍向上

雨の日は差をつけるチャンス！

「天気が悪い日は嫌だなあ」と思う人は多いでしょう。しかし！ 天気のいい日より悪い日のほうが勉強に向いているかもしれません。

それを裏付ける論文があります。2009年、ニューサウスウエールズの研究チームは、**気分**が記憶力にどう影響するかを調べるため、天気のいい日とそうでない日とで買い物客の記憶力を比較する実験を行いました。

結果、サンサンと太陽が照りつける天気のいい日より、寒く、風が強く、雨が降っている日のほうが買い物客の記憶力が3倍もよかったそう(ただし、雨の日のみ店内に荘厳なクラシック音楽を流していたらしい)。**「暗い気分のときは注意力が高まり慎重になる一方、明るい気分だと楽天的になり物忘れしやすくなるからではないか」**と研究チームは分析しているそうです。

勉強は新宿、渋谷でするな！

たしかに晴れだと「遊びに行きたい」ってソワソワしちゃうけど、雨だとそんな気になりにくいので自分の世界に入り込みやすく、それだけ勉強もはかどるような気がします。つまり、勉強は**落ち着いた気分**と**静かな環境**の中で取り組むのがいいということ。

それで言うと、東京の人しかわからないかもしれませんが、**新宿で勉強するより新小岩**（新宿から30分くらい千葉方面に行った先にある駅）で勉強したほうが、個人的にははかどる気がします。人の多さが全然違うもんね。

騒がしい場所だと集中できないっていうのは、晴れより雨の日のほうが集中できるのと似ている気がします。

そういえばYouTubeにも**ひたすら雨音ばかり流す勉強用BGM**があるので、晴れの日はそれを聴きながら勉強すると気分が変わるかも。

そして実際に天気の悪い日は「ラッキー」と思って気合いを入れて勉強しよう！

No.
022

「親も頭が悪いから自分も勉強したってどうせ無駄？」
——違います！

学力の50％は遺伝

逆にいえば50％は変えられる

特に数学的能力は遺伝の関与が大きいけれど

「学力は50～60％程度、知能にいたっては70％以上の遺伝率がある」

行動遺伝学の第一人者である安藤寿康（じゅこう）教授が唱えている説です。

数学にいたっては特に遺伝の影響が大きいらしい……。

また、2018年の3月に文部科学省が公表した報告書によれば、子どもの学力への影響は「父親の学歴」より「母親の学歴」のほうが大きいこともわかっています。

なんだか「やっぱりね」という声も聞こえてきそう（笑）。

とはいえ、この事実をどう受け止めるかは考え方次第なので、まだ諦めるのは早いです。

変えられる部分が50％もある

たとえ学力の遺伝率が50％だとしても、残りの50％はなんとでも変えられます。

シンプルに「変えられない部分が半分、変えられる部分が半分」と表現したときに、**「じゃあ無理だ」と考えるか、「よし、頑張ろう」と考えるかでは、成績に天と地ほどの差が生じると僕は思います。**

残りの「変えられる50％」は、**育った環境**や**現在の教育・勉強環境**、さらには**本人の意欲**や**姿勢**といった面。

これって、かなり成績に影響する部分だと思いませんか。

たしかに親の頭がよければ有利と感じる気持ちはよくわかりますが、だからと言って怠けていれば成績はそこそこのまま。逆に、遺伝の部分で期待ができないからこそ「頑張らなきゃ」と必死になれることって絶対にあると思うんです。

大丈夫、勉強は「やり方」だから、変えられる50％の部分に集中して、成績をどんどん伸ばしていこう！

No.
023

頑張れない人は
夜更かしが原因かも

あなたが思っている以上に早寝早起きは大事

だまされたと思って
1回生活リズムを整えよう

朝早くから勉強を始めていた人ほど合格していた

勉強で結果を出そうと思ったら、絶対の絶対に**早寝早起き**の生活スタイルがいいです。僕自身も経験がありますが、生活リズムがだらしなくなると勉強もだらしなくなってしまいます。

受験生時代に周りを見ていても、朝イチからばりばり授業に集中していた子や予備校への登校時間が早かった子ほど、志望校への合格率が高く、成績もぐいぐい上がっている印象でした。

生活リズムはメンタルに影響する

だから夜更かしは絶対におすすめしません。気分がのっているときに「せっかくだからもう少しやろう」と思う気持ちはよくわかります。もちろん多少であればいいと思いますが、**たいてい次の日に後悔する**んですよね。 朝もつらいし、昼間も眠気で集中できないし。朝寝坊したらしたで、その晩もまた遅くまで起き続けちゃって悪循環にはまりがち。

そしてなにより、みんなが思っている以上に、**夜更かしはメンタルへ多大な悪影響をもたらします。**うつの人に夜ふかしの人が多いこともよく知られています。そもそもメンタルの健康を保つのが難しい受験生活で夜更かしなんかしたらなおさら暗く、落ち込みやすくなります。これでは勉強を頑張る気も起きるわけがない！

もし「なんとなくやる気が出ない」「頑張れない」という人がいたら、生活リズムをテコ入れしてみよう。といっても、めちゃ早起きでなくても大丈夫。僕は予備校の開校時間（9時位）に間に合う時間に起きることを目安にしていました。

それと意外に大事なのが**朝食**です。文部科学省による平成26年度全国学力・学習状況調査でも、朝食を毎日食べている児童のほうが学力・体力テストでの合計点数が高い傾向にあったそう。

時間がないときは**パン**や**おにぎり**などの簡単なものでいいので、何かしらは食べるようにしてください。

No.
024

「明日はテストなのに
なかなか眠れない」
そんなときは

たった1分で眠る方法がある！

「4・7・8の呼吸」で
精神安定剤と同じ効果を

寝つけないときに試してほしい“呼吸法”

「生活リズムを整えろ」「夜更かしはダメ」などをさんざん繰り返してきた僕ですが、布団に入ってもどうしても寝つけないときって誰にでもありますよね。

そんなときは**「4・7・8」の呼吸をすることで、精神安定剤に似た効果が得られます。**この呼吸法を提唱しているのはハーバード大学医学部卒でアリゾナ大学医学部教授のアンドルー・ワイル博士。ストレス解消術や瞑想としても使えるという、究極の呼吸法だといいます。

やり方は簡単！

① 鼻から4秒息を吸う

② そのまま7秒息を止める

③ 口から8秒かけて息をはく

たったこれだけです。

どうしてもダメならいったん起きちゃえ

ちなみに僕が寝つけないときはひたすら「無」になって、布団の中でじっとしています。そのときに大事なのは、**ちゃんと電気を消してスマホを離れた場所に置いておく**こと。そのままガマンしていると、いつのまにか寝ちゃっていることが多いです。

それでもど〜〜しても寝られないときは、思いきって布団から出てしまいます。

「布団の中＝寝られない」と脳が記憶してしまうとよくないからです。

いったん起きてスローテンポの音楽を聴いたり本を読んだりして過ごしていると、そのうち眠くなってきます。

そしたらすかさず布団に入って、ハイ、おやすみなさい。

ソファや床だと熟睡できないので、ちゃんとベッドに移動しましょうね。

No.
025

「夜型生活が続いて
昼間がしんどい」人へ

夜型の人のほうが集中力が高い！

ただし夜更かししすぎはNG

夜型と朝型、どちらがいい？

朝型か夜型かの違いは、**実は遺伝子で決まっている**って知っていましたか？

人には生まれつきの睡眠パターンがあって、それによって朝型か夜型に分類されます。

その割合は研究によって差があり「3割が朝型、7割が夜型」とも、「朝型と夜型と中間型が約3割ずつ」とも言われています。

ちなみに「昔は夜型だったけど、最近早起きしたら朝型になった」というケースはあくまでも身体が慣れただけ。

残念ながら遺伝で決まった部分は基本的に一生変化しません。

話を元に戻すと、そんな「朝型」「夜型」が勉強にもたらす違いとして**集中力**があげられます。

実は、夜型の人のほうが集中力が長く続くそうです……！

2009年に行われたベルギー・リージェ大学の実験によると、起床1時間半後の集中力には両者で差が見られなかったものの、10時間後には**夜型の人のほうが集中力も生産性も高かった**そう。

夜型の人はラッキー！

夜型の人も、早寝早起きするように心がけよう

ただし、夜型だから夜更かししてもいいというわけではありません。

夜更かしのしすぎはメンタルに悪影響を及ぼしやすいという話はすでにしましたが、それに加えて太りやすく、さらに体調も崩しやすくなるからです。

正直、夜更かしは何1つメリットがありません。

だからせめて受験期は、遅くても深夜1時までには寝るようにしよう。

受験は長期戦だから、夜型とはいえ早寝早起きをするほうが総合的にみてメリットが大きい、というのが科学的根拠も交えた僕の結論です！

Column

普通の高校生が国立医学部に合格するまでの物語（後編）

✔ ビリ街道まっしぐらだった高校生活前半

小学校時代の塾通いで学力を「貯金」し、中学時代はわりと優等生キャラだった僕。

母親の期待に応えて県で一番の進学高校に入学したものの、ここで早々に勉強のやる気をなくします。

だって、僕より頭のいい人間が山のようにいるんだもの（涙）！

想像ですが、たぶん高校入試の順位、僕、けっこう下のほうだったと思うんですよ。ギリギリで入学できた感覚があって。

だから、合格できただけで御(おん)の字、ましてやここでトップ争いするなんて100％ムリだと最初から諦めて、おそろしいくらい勉強しなくなったんです。

するとね、なんと高1の最初の試験で、僕、クラス40人中39位をとってしまいました。もう、ほぼビリですよ。

そんな調子は高2の中間テストまで続き、ついに僕は担任の先生に呼び出され「こんなんで、どーすんの？」と厳しく叱られました（ちなみにこの担任は保健体育の先生で、僕が保健体育のテストで22点を取ったのが気に障ったみたいです）。

「そろそろやばいかも」

それまでは大学受験もなんだか遠い他人事のようでのらりくらりと高校生活を送っていた僕ですが、これをきっかけに危機感を抱くように。

そしてもう1つ、大きな転機となったできごとは、部活の先輩が通っていた予備校の体験授業に参加したことでした。

✔「東大行けるよ」とのせられて……

先輩に連れられて行ったのは東進予備校。当時は今ほど有名な予備校でもなく「どんな感じかな？」と気軽な気持ちで体験授業に参加。そこでスタッフの先生に言われたのが**「東大狙えるよ」**という言葉だったのです。

どう考えても当時の僕の成績だと厳しかったと思いますが、僕はその言葉で「えっ、僕、東大行けちゃう？」と気分をよくしました。単純なものです。だって、「東大」「京大」「医学部」なんて、なんかカッコいいじゃないですか〜！

すっかりその気になった僕は、やっと本気で勉強に取り組むように。高3の9月くらいから、それまでの僕と別人かと思うくらい、勉強漬けの日々を送りました。

しかし、結果は×。京大が第一志望だったのですが、残念ながら願いは叶いませんでした……。

というのも、正直、勉強のやり方がまずかったんですね。手当たり次第問題を解くだけで、まったく脳に定着していない。「見たことあるけど解けない」ばかりで、高3の冬には**「勉強のやり方間違えたな」**と気づいていました。

だけど自分なりに頑張っていたらから、不合格とわかって正直かなり凹みました。2週間くらい寝込んだかな。浪人すると決めてからも、5月半ばくらいまではボーッと傷心の日々を過ごしていました。

ただ、この時期に外科医の天野篤（あまのあつし）先生（上皇の心臓の手術を執刀した医師）の本を読んで「お医者さんってかっこいいな」って思ったのが医学部を受験したきっかけなんですよね。ほら、人の命を救える仕事ってやりがいありそうだし、国家資格だから一生、職にも困らないし（笑）！

「医学部に行く！」。そう決めた僕は、現役生のときの反省をおおいに活かし、本書で紹介している勉強法によって、今度こそ合格を勝ち取ったのでした！

めでたしめでたし！

2 章

「やり方を間違っているだけ」のあなたに伝えたいコツ

成績が上がらないのは「頭が悪いから」ではなく「やり方」が間違っているから。勉強ベタだった僕が医学部に合格した「やり方」の、超大事な基礎部分を大公開。

No.

026

まずはスタンスを
180度変えよう!

頭がよくなる必要なんて1ミリもない!

テストで点数をとることが大事

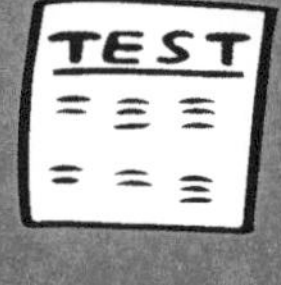

そもそも頭がよくなる必要はない！

みなさん、よくよく考えてみてください。結局、テストでいい点がとればいいんです。

だから「頭がよくなる」ことより、**「単にテストでいい点をとるためにはどうすればいいか」**にフォーカスしてほしい！

補足しておくと、しっかり物事を学ぶのはもちろん大事なことなので、頭がよくなることを否定するわけではありません。ただ、特に受験勉強においては、点をとることが正義であり、合否はそこで決まってしまいます。

だから今回の本では、あくまでも受験や試験を突破でしたいという人に向けて、僕が編み出した**「試験・受験本番でよい点をとること」にこだわった方法**をお伝えします。

一番大事なのはこれ！

で、改めて考えてみましょう。勉強で一番大事なのは何でしょうか？

結局、**僕は「覚えたことを忘れない」ことだと思います。**

覚えたことを試験本番で忘れたら点がとれないのはもちろん、勉強をしてきた時間も全くの無駄。

「そんなの当たり前じゃん！」って思った人もいると思いますが、その当たり前を実行するのが本当に難しいんですよね。

それなりに頑張って受験勉強をしていたにもかかわらず、思うように成績が伸びなかった僕の高3時代に多かったのは、**「この問題、どっかで見たことあるんだけどな」**というパターン。やった覚えはあるんだけど、再現ができない。これはようするに脳にちゃんと**定着**していないということなんです。

受験間近にそんな経験を繰り返していた僕は「まずい、何も考えずに手当たり次第にやりすぎた」と気づきましたが、手遅れでした。

今、これを読んでくれている人はきっとまだ間に合うよ！　本書を参考に「覚えたことを忘れない」勉強の仕方をしてほしいと願っています。

No.
027

とっしー流　これが最強の勉強の仕方だ

「覚える」→「定着させる」だけでOK

この2STEPを繰り返すだけ

勉強の基本は「①覚える→②定着させる」だけ

僕の勉強法はとてもシンプルな考え方でできています。

具体的には「**①何かを覚えて**」、「**②それを定着させる**」、たったそれだけ！

ちなみに①をもう少し分解すると、「新しく知識を覚える」→「それを使って問題を解いて、実際に使える知識として覚える」という流れがあります。

②の定着させる作業というのは、覚えたことを忘れないための「**見直し**」「**確認**」作業のこと。

シンプルでしょ？ だけど、実際に運用すると確実に成績が上がるんだよね♪

①と②の内容について、もう少し詳しく説明すると次のような感じです。みんなも真似してみてね！

僕が実際にやっていた2STEP

教科や科目にもよりますが、覚える作業が必要なとき、僕が実際にやっていたやり方はこんな感じです。

STEP ①覚える（参考書や解説書を読んで背景や理屈を理解して覚える）

まずノートに問題を貼り、その下に答えを写します（93ページの写真参照）。

その際は「こうやって解くのか」「ふんふん、こういう流れね」などと内容を理解しつつ、書き写します。後から何度も見直すので、字は読みやすいよう丁寧に書いておこう。

STEP ②定着させる

そしてこのノートを当日だけでなく、その先も何度も読み直し、定着させていきます（22ページの「7−3勉強法」参照）。見てばかりだと実際に解ききれるのか不安なので、たまには手を動かして、実際に解けることも確認しておくのがおすすめです。

No.
028

無駄な時間を
使っていませんか？

勉強の8割は知識量

覚えて覚えて覚えまくれ

理数系も実は「知識」で決まる！

テストでとれた点数は、結局その人の**知識の量**とイコールです。

考えて解く問題の多い理数系は「知識だけじゃない！」と思う人もいるかもしれませんが、結局は**いかにたくさんのパターンの問題を経験し、「解法」を覚えているか**にかかっています（特にこの傾向が顕著と言える数学への対策は第3章でも紹介します）。

塾講師・家庭教師として、ここをはき違えて勉強したせいで点数が上がらなかった生徒さんを何人も見てきましたし、過去の僕自身もそうだったなと反省しています。

たとえば問題を解くという行為。これはあくまでも「問題を解く練習」をしているだけで、具体的な知識が増えているわけではありません。「解法」を覚えるための手段としては意味がありますが、**そうではなく漫然と解いているだけであれば、全く成績は上がらないのです。**

「見たことある」は惜しい、あと一歩の状態

試験本番で「見たことはあるんだけど……どうやってやるんだっけ？」という経験をしたことがある人は多いと思います。

厳しい言い方をすると、この状態では「何も知らない」のと同じで、点数には結び付きません。みなさんが思っている以上に、勉強は**暗記**と**定着**に時間を使う必要があるのです。

ただ、テストなどで「これ、見たことはある」という状態は「覚えている最中」であることも確か。見たことすらないのはどうしようありませんが、そうではないなら、もう少し定着に力を入れていれば解けていたかもしれないということ。

つまり、「惜しい」んです。せっかく覚えようとしたのなら、テストで使えるレベルまで定着させないのはもったいない！

今後「見たことあるんだけどな〜」という問題が出てきたら、「自分は今、惜しい状態なんだな」と、プラスにとらえて記憶し直そう。

No.
029

「やったことある&覚えてる！」が一番大事

解答見ながら問題パターンの暗記!!

「こうすればこうなる」をどれだけ頭に入れられるか

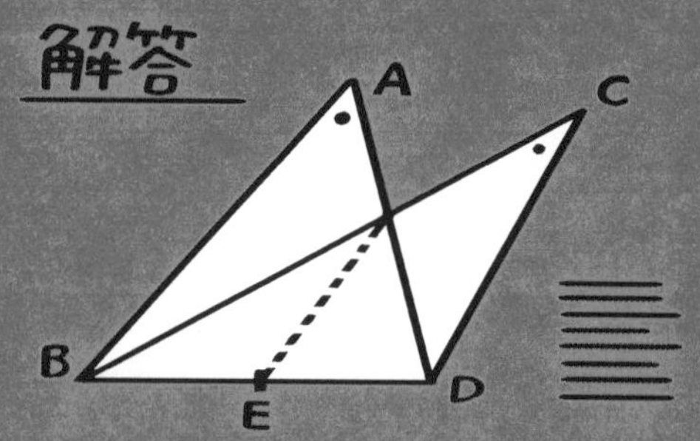

問題パターンを丸暗記してしまえ

前項で、勉強は解法をどれだけ頭に入れられるかで勝負が決まるとお話ししました。点をとるための勉強に「解き方そのもの」をその場で思いつく必要はありません。

僕たちは試験中、**「覚えていること」「やったことある内容」を記憶から掘り起こして解く**という作業を繰り返しています。

だから試験・受験勉強で大事なのは**「こんな問題パターンがあって、それぞれこういう解き方をすればいい」**を、いかに網羅し、きちんと記憶しておくかなのです。

理系科目こそ暗記しろ

「考えながら解く」ことが求められていると勘違いしがちな理系科目も、暗記が命です。といっても、暗記するのは「問題」ではなく「理論」です。

「こう来たらこう解くことが多い」「このパターンの問題はこう持っていくと解けることが多い」などを意識しつつ、問題を解くための理論を暗記するのです。

なんとなくだらだらと問題を解く人が多いですが、それは時間の無駄。問題を解いた後に「この理論はこういう形式の問題として出てくるんだな」という部分まで意識するのが大切です。

だから、問題を解いた後の**確認作業**も絶対に必要。「7-3勉強法」を活用し、定期的に振り返って定着させることも怠らないでください。

この原則はどの教科でも基本的には一緒で、僕は国語の定期試験対策でも、教科書に準じた問題が載っている市販の参考書『**教科書ワーク**』や、問題集をざっと見て「こんな問題が出るのね、ふむふむ」と把握することから始めていました。**どんな問題が出るのかわからなければ対策のしようがないからです。**数学の勉強法に関しては3章で詳しく紹介しているので、参考にしてね！

No.
030

まじめな人ほど
気をつけたい罠

あなたの勉強は「作業」になっていませんか？

無意味な勉強をするな

「勉強しているつもり」になっていない？

ただただ問題を解いて答え合わせをし、正解・不正解を確認して「勉強したつもり」になっている。……という人が本当に多すぎる！

僕が家庭教師や塾講師として見ている生徒のうち、7割くらいが該当します。

やった問題の「確認」を全くせず、新たな問題に手を出しては丸付けをしての繰り返し。これ、残念ながら勉強じゃなくてただの「作業」なんですよ。残念な作業の例を挙げてみますね。

「勉強しているつもり」あるある

- 問題の背景や理論を完全に理解しないまま問題を解く
  →上っ面だけで本質を理解できていないから応用がきかない
- 問題を解いて丸つけするだけで復習しない
  →解く意味がない〜！
- 同じような問題ばかり解く
  →もうできるよね？
- すでにできる問題ばかり解く
  →なんのために……？
- いろいろな問題集に手を出す
  →後で見直し作業が追いつかないから定着しないよ〜
- 時間の長さを頑張りの指標にする
  →時間の長さは点数にカウントされないよ

これらは全部、いざ試験本番に「見たことある気がするけど解けない」に陥るパターンです。

勉強しているときは常に「ただの作業になっていないか？」と、自分を振り返ることを欠かさないでください！

No.
031

僕もこれで
失敗しました!
「自己流」はアウト

解答と違う解き方で正解しても意味はない

その解法はスマートじゃないし、
いつか応用が効かなくなる

「解答と違う解き方」は危ない

「解答と違うやり方で解けちゃった」という経験、みなさんにも一度くらいあるんじゃないでしょうか？
「解けたんだからまあいい」という気持ちはとてもわかるのですが、そのまま自己流で突っ走るのは絶対にやめたほうがいいです。

教科書や参考書に載っている解き方って、たくさんの研究者や先生たちが導き足した「オーソドックス」な解法です。つまり、**一番シンプルで効率がいいはずなんです**（だからこそ解答として紹介されているわけで）。

それに対し、自己流の解き方はあまりスマートでない可能性が高いのです。

自己流の解き方のまま身につけてしまうと、試験や受験で無駄に時間をロスすることになりかねません。

だから、身につけるなら「解答」として紹介されている、一番効率のよい解き方にしておきましょう。

僕も自己満足で失敗しました

僕も高3の一時期、自己流で突っ走って、後からとても後悔しました。

たとえば化学で飽和蒸気圧という分野があるのですが、なぜだか僕、解答と違う解き方で答えが出せちゃっていたんですね。「俺、わかってるわ」と満足していたのですが、別の機会にちょっとひねった問題を出されたら、全然解けず……。**「自己満足だったな」と反省しました。**

数学や理科の問題って、「なんとなく解けた」ということが起こりやすいんです。

でも、「なんとなく」のままだと、その場では解けても別の問題としてちょっとひねられたり難易度を上げられたりすると、とたんに太刀打ちできなくなってしまう。

だから、そこは割り切って解答のやり方をしっかり頭に叩き込み、100％の自信をもって解けるようにしておきましょう！

No.
032

教科書より参考書。じゃあ何を選ぶ？

参考書は3段階に分けて買うべし

説明本→問題集（初級）→問題集（中級）

参考書の一番効果的な使い方

たとえば数学の確率の分野を勉強するとして、参考書を使って成績を上げるやり方を説明します。

【STEP1】まずは説明本を買う

問題とその解き方や理屈に関する説明がより詳しく、かつわかりやすく書かれているものを選びます。

ポイントは、ただの「問題集」ではなく、あくまでも「**説明本**」を選ぶこと。

問題の数はそこまで多くなくてOK。例題としていくつか載っているくらいの参考書で大丈夫です。

また、難しいものではなく、**なるべく簡単なものを選びましょう。**そのかわり、その参考書に書かれている内容を丸ごと覚えてしまうくらいまで徹底的に頭へ叩き込みます。

【STEP2】問題集（初級編）に取り組む

やり方をしっかり頭に叩き込んだら、それを使えるように練習します。

まずはかなり簡単な問題集から取り組んでください。STEP1で覚えたことを完璧に使いこなせるまで練習を続けます。

同時に、「こういう出題のされ方もあるんだ」「このパターンの問題はこうやるのか」などを経験し、覚えていきます。

【STEP3】問題集（中級編）に取り組む

STEP2が済んだら問題集のレベルを中級にして同じ作業を行います。流れは基本的に一緒。たくさんの問題集に手を出したくなると思いますが、1冊で大丈夫です。

STEP2とSTEP3でそれぞれ1冊ずつと、追加として全体が見渡せる問題集1冊くらいをやれば十分です。それらを何度も繰り返し行って、丸暗記してしまうくらいまでやり込んでください！

No.
033

おすすめ参考書を
具体的に
教えちゃいます

参考書は「シリーズ買い」がいい

「ひとりの先生」で揃えるメリット

科目ごとに「一人の先生」に絞る

21ページで、「一人の著者が書いている参考書」を使ってほしいとお伝えしました。

理科や数学など、分野ごとに分かれているタイプの参考書を買うときも一人の著者が書いているものを選んでください。

さらに、同じ先生が書いたシリーズで参考書を統一すると、その分野をとても理解しやすくなるのでおすすめです。

もちろん「どの先生の参考書が自分に合うか」は人によります。「わかりやすい」「やさしい」と書いてあっても全然そんなことなかったりするので（笑）、実際に書店に足を運んで自分の目で確かめるのが大事です。せっかくなので僕のおすすめ参考書も紹介しておきますね。

●数学

説明本『細野真宏の数学が本当によくわかる』シリーズ（小学館）

問題集『文系 (理系) 数学の良問プラチカ』シリーズ（河合出版）

『やさしい理系数学』（三ツ矢和弘／河合出版）

●国語

現代文『出口汪 現代文講義の実況中継』（出口汪／語学春秋社）

●英語

『やっておきたい英語長文』シリーズ（杉山俊一／河合出版）

『基礎英文解釈の技術100 (大学受験スーパーゼミ徹底攻略)』（桑原信淑・杉野隆／ピアソン桐原）

英単語帳

『共通テスト対応 英単語1800（東進ブックス）』（高橋潔〈編〉／ナガセ）

『英単語 FORMULA1700（東進ブックス）』（安河内哲也／ナガセ）

細野真宏の確率が本当によくわかる本

出口汪 現代文講義の実況中継

共通テスト対応 英単語 1800

英熟語 FORMULA 1000

橋元の物理基礎をはじめからていねいに

共通テスト 必勝マニュアル 数学ⅠA

『英単語ターゲット1900（大学 JUKEN 新書）』
（ターゲット編集部／旺文社）

英熟語帳

『英熟語 FORMULA1000（東進ブックス）』（安河内哲也／ナガセ）
『英熟語ターゲット1000（大学 JUKEN 新書）』（花本金吾／旺文社）

●物理

説明本『橋元の物理基礎をはじめからていねいに (東進ブックス) 』
（橋元淳一郎／ナガセ）
『橋元流解法の大原則（大学受験 BOOKS）』シリーズ
（橋元淳一郎／学研プラス）

問題集『良問の風』シリーズ（浜島清利／河合出版）
『名門の森』シリーズ（浜島清利／河合出版）

●化学

問題集『照井式問題集 無機化学 知識の押さえ方（大学受験 V ブックス）』
（照井俊／学研プラス）
『化学の良問問題集』シリーズ（中道淳一・柿澤壽（ひさし）／旺文社）
『化学の新標準演習』シリーズ（卜部（うらべ）吉庸（よしのぶ）／三省堂）

●地理

『村瀬のゼロからわかる地理 B 系統地理編（大学受験プライムゼミブックス）』シリーズ（村瀬哲史／学研プラス）

●共通テストにおすすめの問題集

『共通テスト　必勝マニュアル』シリーズ
（東京出版編集部／東京出版）

No.

034

この意識改革は
超重要！
結果も絶対変わる！

ノートを
とること自体に
意味はない

ノートは見直すためにとる

何のためにノートをとるのか？

「作業」になりがちなものの代表例として「ノートとり」があります。

色分けや文字の大きさ・美しさにこだわるなど、ノートをとることにやたら力を入れている人、いませんか？

実はノートをとるという行為に全く意味はありません。

ノートは後から見返して復習するためにとるものです。

せっかくとってもほとんど活用していないとしたら、そのノートとりの時間や情熱は全部無駄になってしまいます。

ということは「これは後から見返さないな」と思ったらノートをとる必要は全くないということ。

家庭教師や塾講師として僕が教えている生徒にも、やたらノートをきれいにとる子がいるんですよね。でも残念ながら、そういう子に限って復習をあまりしてこないうえ、成績もよくないんですよ……。

逆に、あんまりノートをとらない子のほうが成績がいいことも少なくないです。

大学でも、本当に賢い人は必要なところだけタブレットやパソコンにちょこっとメモするだけだったりします。

提出必須でも最低限にしておこう

「そんなこと言っても、学校でノートを提出させられるんだよ」という人もいるかもしれません。

それも無駄なノート作りに陥ってしまう原因になるので、そんな謎文化には僕はまったく賛成できませんが、提出しないと怒られるのならノートをとらざるをえませんよね……。

ただし、その場合も**字の美しさやノートとしての完成度にこだわる必要は全くなし！**「これは勉強のうちに入らない」と自覚したうえで最低限にしておこう。

No.
035

すごく大切な質問なので、もう一度聞きます

ノートとは？

それは覚えるための「道具」です

「ノートをとること」が第一目的ではない

先ほどもお話ししたように、提出があるからなんとなく授業中にとっているだけの「ノート」に全く意味はありません。

怖いのは、ノートをとっただけで「勉強している気」になることです。

それはただの「作業」であって、成績にも合格にもつながりません。

正直、僕は高校生以降、授業中にノートをとったことは全くありません。大事なところをメモするのはもちろんやりましたが、先生が黒板に書いたことを写すなんてことはしたことがありません。

ただ、さんざん述べている通り、自分一人で勉強するときはせっせとノート作りをしていました。

でも、これはあくまでも「覚えるための道具」を作るためです。

覚えるための道具としてノートを作ろう

僕が実際に作っていたノートはこんな感じ。実物の写真を載せたので、参考にしてみて。

● 問題文を貼って解答を書き写したノート（数学、理科）

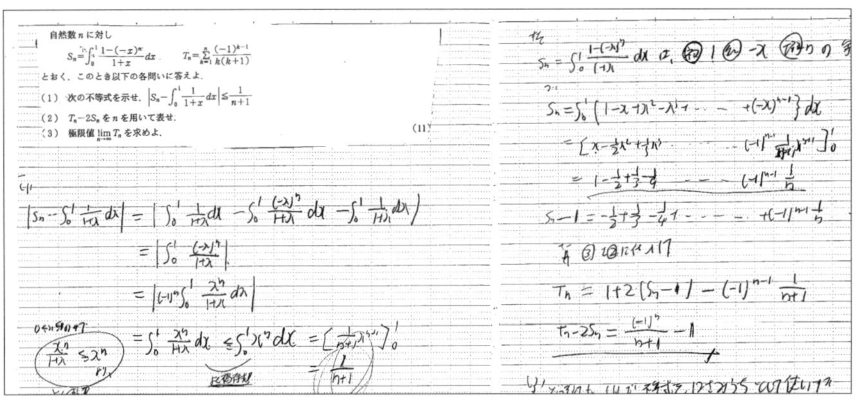

このほか、**テストや模試でよくミスする内容をメモしたノート**も作っていました。

No.
036

問題が解けたら要注意

できなかったときは、「やったー！」と喜べ

だって、新しい解き方を知れたんだから

本番以外で問題が解けるのはそんなにいいことではない

問題が解けたら嬉しいですよね！

けどそれってよく考えると、勉強ができるようにはなったとは言えないんです。

どういうことかというと、もしかしたらすでに身についていることをもう1回繰り返しただけで、新しいことができるようになったわけではないかもしれないってこと。

だから、**問題演習をしていて、できなかったときこそ「やったー」と思ってほしいんです。**できかった問題ができるようになるチャンスを手に入れたわけだから。

逆に言えば、問題演習をしていてできる問題だらけだったら、それは取り組む問題のレベルを間違えているということ。

すでにできる問題をやって喜ぶのは、ただの「作業」です。

問題解きすぎはNG

だけど、「問題を解く」ことに価値を置きすぎている人って本当に大勢います。

「勉強の8割は知識量」（76ページ）でお伝えした通り、極端に言えば問題が解けるのはテスト当日だけでもいいんです。

すでに解ける問題や、解けて当たり前の問題を繰り返し解いて、それで勉強したつもりになるのはマズイ。

だから問題が解けたら「あれ、ちょっと待てよ」と、いったん立ち止まってみてください。

今自分がやっているのは、新しく覚えた解法を使って実際に解けるかを確認しているのか？ 手を慣らすためにやっているのか？……それとも、ただ「なんとなく」解いているのか？

本番前に問題がスラスラ解けることにはあまり意味はありません。

それを自覚したうえで、問題を解こう！

No.
037

過去問に手を付ける
タイミングは？

過去問は
早め早めに
やろう

仕上げにやるものと思いこんで
スタートが遅すぎる人、多すぎ！

過去問をやり始めるの、みんな遅すぎ！

「過去問はいつからやればいいですか？」という質問をよくいただきますが、**僕は即答で「今です」と言います。**

「志望校の過去問は本番直前の腕試しとしてやりたいからとっておく」と主張する人もいますが、絶対に絶対にダメです。

大学受験(1月〜3月)の場合、過去問は1年前には取り組んでください。

過去問を早めにやらなければいけない理由は、次の3つです。

① 傾向と対策をつかむ必要がある

→過去問の傾向を分析しまくる必要があるのに、それができなくなる

② 目標を立てて取り組むべき

→「○か月後にどのレベルにいる必要があるのか」を早めに知るべき

③ 焦り防止

→直前にやって全然できなかったら落ち込むだけ！　そして間に合わない！

直前までとっておいても結局やらない

「過去問は最後にやるから」と言っていた人で、結局時間がなくなって最後までやりきれなかったという人に何人も会ったことがあります。

人間というものは自分に都合のいい理想を計画に盛り込んでしまうものです。「このくらいの時期に過去問やろう」と思っていても、実際やれないことはよくあります。ぶっちゃけ、**あんまり成績のよくない人ほど、ギリギリまで過去問をとっておく傾向があるなって思います……。**

「1年分くらいだったら残しておいてもよい？」という質問をいただくこともありますが、その場合は最低でも受験1か月前には取り組むようにしましょう。

受験直前の時期は、最後の総復習として、それまでやってきた問題の確認作業にあてるべきです。

No.
038

やったことの定着をはかる方法

寝る前に「ひとり面談」をしよう！

今日勉強した内容を思い出せる？

今日何を勉強したか思い出せる？

勉強したことが本当に頭に入っている？　本当に記憶できている？

……そう不安になることはありませんか？

その判断方法を紹介します。

夜、寝る前までにひとり面談をするのです。

勉強を終えてから就寝するまでの間のどこかのタイミングで時間をとり、今日覚えたことや勉強したことをすっと思い出せたら、それはしっかり頭に入っている証拠です！

「今日はアレとコレをやったな。たしかこういう内容だったよな。あの知識はおもしろかったな」という感じで思い出せれば OK。

「えーっと、何だったっけ……？」となったら NG です。

寝る直前以外でも大丈夫で、僕はいつも学校や塾の帰り道にも**「今日は何を覚えたっけ？」**と頭の中で思い出すようにしていました。

思い出せなかったら次の日にもう1度覚え直す！

内容を思い出せるということは、現段階ではちゃんと記憶に残っているということ。

逆に、思い出せなかったらすでに忘れかけてしまっているということ。つまり、単なる「作業」として勉強をしてしまっただけで、効果はなかったというわけです。

もちろん僕も毎回しっかり思い出せたわけではありません。

ちょっと複雑で難しいことを勉強したときなどはうろ覚えになりがちで「えーと、どんなんだったっけ……？」となっていました。

そういうときは、次の日にあらためて復習したりやり直したりするようにします。

こうすれば、それまでの勉強も無駄にはなりません！

No.

039

ちゃんと定着しているか自信がないときはどうしたらいい？

「授業再現」してみよう

説明できることしか定着していない

人に説明できる＝完璧に理解できた状態で定着している

「ねえ、なんでこれってこうなるんだっけ？」
「ああ、そこはね……」
と友達に教え始めたのはいいものの、途中で「あれ？なんでだっけ？」ってなることありませんか？

このように、**人に説明して初めて、自分がよくわかっていないことに気づくことがあります。**

教えるという行為は客観性が必要なため、論理の穴に気づきやすくなるんですね。

この「よくわかっていない」に、テスト本番で気がつくのはまずい。**そこで、ときどき誰かに教えるという行為をしてみましょう。**

相手は友達でも先生でも家族でも誰でもOKですが、脱線して雑談してしまわないように気をつけてください。

一人で勉強しているときに「これがこうなるからこうで……」とボソボソと口に出して自分に説明するのでもいいですが、論理が甘くなりがちなのが難点。できれば自分以外を相手にするのが理想です。

ぬいぐるみを相手に説明しているという強者もいました（笑）。

家族を相手に「授業再現」してみよう

ちなみにホワイトボードを買って、家族や友達を相手に完全授業再現をするのもおすすめ。体系立てて理解でき、定着しやすいです。

もちろんノートでもいいと思いますが、ホワイトボードを使うと先生っぽさが出てやる気がでるかも（笑）！

ほかにも裏技として、問題の解答や解説文を読むときに「自分が人に教えるとしたら」の視点を持つと、つじつまを意識しながら理解できるので「穴」を減らせます。

よかったら真似してみてね。

No.
040

遠慮したら損です！

塾と塾の先生を上手く使い倒そう

「高いお金を払っているんだから利用してやろう」くらいのスタンスで！

塾を正しく使えている人は少ない

せっかく高いお金を払っているのに、塾を上手く利用できていない人が多い気がします。**「塾に行って授業を受けて終わったら帰る」だけではもったいなさすぎ！**

「この教科が得意な人はどこに受かりやすいのか」「この時期には何を勉強したほうがいいか」など、少しでも疑問に思ったことはためらわずに塾の先生に聞いてみましょう。もちろん勉強をしていてわからないところが出てきたときも遠慮なく。

どれだけ知識を吸収しても、質問しまくっても、金額は変わりません。「塾を好き放題に使ってやる」くらいの気持ちで通いましょう。

僕が通っていた予備校の先生がこう言っていました。

「塾に通う生徒の熱意ってばらつきがある。熱心に質問している人もいればほとんどしない人もいる。自習室をよく使っている人もいれば、授業しか参加しない人もいる。でも、払っているお金は一緒なんだよね」

学校では手に入らない受験情報が塾にはある

塾や予備校には、学校にはない情報がたくさんあります。勉強面はもちろん、特に上手く活用したいのは受験の方法に関する情報。

受験方式って、実はすごくたくさんあります。推薦、AO、一般受験の中でも共通テスト利用する形式、しない形式、併用する形式。

さらには共通テストと二次試験の配点の割合、もっと言うと科目ごとの配点の割合も、大学や学科によってかなり違います。加えて、この大学は、穴埋め問題が多いのか論述形式が多いのかといった出題の傾向や、難易度の違いもさまざま。

……正直、自分だけで情報を集めきるのはちょっと無理があります。

先生に相談すると「君は〇〇が得意だから、この学校のこの受験形式が有利だよ」「実はこの大学も共通テストだけでいけるよ」など、一人ひとりに合ったアドバイスをしてくれます。迷ったら塾に相談してみて。

No.
041

自分に合った塾の見つけ方

東進、代ゼミ、駿台、河合……ぶっちゃけ、どの塾がいい？

本音でおすすめ教えます

河合塾　駿台 VS 東進

塾や予備校ってたくさんありますよね。今で言うと、いわゆる3大予備校といえば「河合塾」「駿台予備学校」「東進ハイスクール／東進衛星予備校」（以下、「河合」「駿台」「東進」）でしょうか。いったい何が違うのかといえば、ざっくり分けると「動画授業」か「対面授業」かです。

●動画（オンライン）授業　→東進

メリット：いつでも見られる、途中で止められる、何度でも見られる

デメリット：いくらでもサボれてしまう

●対面授業　→河合、駿台

メリット：メニューが決まっているので強制的に勉強できる、時事ネタが仕入れられる、臨場感がある

デメリット：聞き損ねたりメモを取り損ねたりしてもカバーできない。時間が決まっている。

それぞれの**メリットとデメリットをふまえると、「受け身な人」「言われたことを淡々とこなすのが好きな人」「サボり癖がある人」は対面授業向き、自主的に勉強できるタイプの人は動画授業向きです。**

「現役生＝東進とスタディサプリ」「浪人生＝河合塾、駿台」でOK

現役生は学校という場があるうえ、部活などで忙しいと思うので、そこにプラスするとしたら動画授業の塾か、スタディサプリなどのオンライン学習サービスがおすすめ（223ページでも詳しく触れています）。

浪人生の場合は対面授業の予備校にしておいたほうがいいでしょう。一人で1年間勉強し続けるのは正直難しいため、毎日通って生活のペースをしっかり作るのが大事です。

また、お目当ての先生ごとに塾を複数行き分けている人も何人かいました。塾によって名物先生が存在するので、余裕があればそれもアリ！

No.
042

コンディショニングを意識していますか？

「〇〇をすると頭が痛くなる」はヤバイ状態！

勉強はよい健康状態で

勉強を頑張れる状態に自分を持っていく

頭が痛かったり身体がだるかったりする状態で、満足に勉強なんかできませんよね。

なので僕は、純粋な勉強法だけじゃなく、勉強に打ち込める状態に自分の体調を持っていくこともすごく大事だと思っています。

そのために意識してほしいのが自律神経です。

副交感神経と交感神経の2つを自律神経というのですが、この2つのバランスが崩れると、急に体やメンタルの調子を崩しやすくなるんです。

もちろん勉強面だけではなく、いろいろな面にも悪影響があります。

自律神経のバランスを乱してしまう代表例としては次のようなものがあります。

自律神経が乱れる8つのパターン

❶ テレビ、パソコン、スマホの画面を長時間見続ける
❷ 夜更かしをする
❸ カフェインをとりすぎる
❹ 同じ姿勢をずっと続ける
❺ 水を飲む量が少ない
❻ 部屋にこもりすぎる（外の空気を吸わなさすぎる）
❼ 部屋の空気の入れ替えが不足
❽ 睡眠時間が日によってちがう

ほかにもまだまだありますが、これらの行為はできるだけ避けて、なるべく体調のよい状態をキープしましょう！

自律神経が乱れると、体だけでなく心にもよくない影響が及びます。「なんかやる気が出ない」というときは、❶～❽に気をつけてみると変わるかも！

No.

043

友達の自慢話は
スルーしよう

勉強は
1日10時間
以上するな！

長くやればいいってもんじゃない

時間の長さにまどわされるな

「受験生のとき、1日何時間くらい勉強していましたか？」

よく聞かれる質問ですが、**正直なところ「わからない」が僕の答えです。**

「昨日14時間勉強した」

「まじで？ すごいね」

みたいな会話、受験生なら珍しくないですが、「自分も14時間くらいやらなきゃ」「全然できていない……」と思う必要は、まったくありません。

だって、勉強は試験でよい点数をとるためにやるのであって、長さを競うわけじゃないから！

無事に目標にたどり着けるのなら、時間の長短は大きな問題ではありません。というか、むしろ短いほうがラクじゃないですか？（笑）

"○時間勉強した自慢"はスルーしとけ

勉強時間の長さを自慢する人がいたとしたら、勉強の指標を「成果」でなく「時間」においてしまっているのだと思います。

それが悪いとはいいませんが、本質の「成績を上げる」という部分を見失っているなと感じる生徒さんを何人も見たことがあります。

それに、**14時間勉強したとか言っている人も、それを365日続けているわけではないはずです。**

僕もたまに12時間くらいやることがあったと思いますが、たぶん平均的にはだいたい10時間くらいだったんじゃないかな。

まったく勉強しない日もあったし（笑）。

もちろん自分にノルマを課すという意味では時間も1つの基準になりますが、勉強の本質はそこにはありません。

では勉強の進み具合を何で測ればいいのかは、次のページで詳しく紹介します！

No.
044

何時間やったかは
関係なし

勉強は「ゴールまでの到達度」で考えろ!

時間で考えるのは無意味

勉強は登山のようなもの

勉強って、山登りにちょっと似ています。

まず、ゴールが明確な点。

登山のゴールは、山頂に到着することですよね。

そして勉強の最終的なゴールは、試験でよい点をとり、受験に合格すること（この最終ゴールは人によって多少違うかもしれませんが）。

さらにもう1つ両者に共通しているのは、**ゴールにたどり着くまでの行き方がいろいろある点です。**

ゴールまで最短距離で行きますか、それとも迂回して行きますか？

富士山の標高は3776キロ。でも迂回（うかい）すればするほど、山頂までの距離は遠くなり、4000キロにも5000キロにもなります。

勉強も「点数をとる」というゴールは明確ですが、勉強方法を間違えるとゴールまでの距離が全然縮まらず、ずっと山の麓（ふもと）でうろうろすることになります。

でも、ゴールが一緒ならなるべく短い距離でたどり着いたほうがラクじゃないですか？

前項でも、勉強の成果を時間の長さで評価してはいけないと話しました。

意識すべきは時間ではなくゴールまでの到達度。

点数をとるために、何をどれくらい覚えないといけないのか。

何を記憶できていて、何ができていないのか。

そこを意識していないと、無駄に迂回したり休憩ばかりしたりしながら富士山を登るはめになっちゃいます！

時間の長さではなく、「○月までにこの問題集を完璧にマスターする」「次の模試で英語は120点をとる」など、ゴールまでの到達具合で判断するようにしてみてください。

No.

045

カンタンだけど、とってもとっても大切なこと

字は大きく丁寧に

あなたが思っている以上に
これは大事

字の大きさで点数が決まる

字が汚く小さいことは、時間ロスの原因になります。

当たり前のように感じるかもしれませんが、**本当に本当にほんと～に大事なことなので、心して読んでください（笑）。**

字が汚いと、試験で問題を解いている最中に読み間違えて計算ミスをしたり、時間が余ったときの見直し作業ができなかったりと、点数に直結してきます。

試験の後の復習の際も、問題を解く過程を確認しようにも読めなければはかどりません。

字は汚く書くより丁寧に書くに越したことはありません。

今、ドキってした人！お願いだから少しだけでも丁寧に書くように心がけてみて（笑）。ぶっちゃけ、**これで合計20点くらいは成績が違ってくる**と思います。

丁寧であれば美しさはいらない

「試験本番だけきれいに書けばいいや」と思うかもしれませんが、普段していないのに本番だけやるというのは基本的に無理です。

日頃からきれいに書いていないと、それが癖になってしまう。これは僕の周りの友達や、生徒さんを見ていても本当に実感します。

だから授業中にノートをとるときも、自分で問題演習をするときも、自作でノートを作るときも、つねに「丁寧に」書くよう意識しましょう。

普段から心がけていれば、丁寧に書くのが当たり前になってきます。そうすれば本番でも自然とできます。

自分が読めなくて計算ミスする以外に、答案用紙の字を先生が読み間違えてバツにしちゃうこともありえるし、それって本当にもったいない！

めんどくさいと思うかもしれないけど、大事なことです。ちなみに字が美しくある必要はありません。**下手でもいいから、読みやすく丁寧に書けば問題ありません！**

No.

046

何をどのぐらいやる？

1日ずっと勉強するなら3教科ぐらいミックスしよう

一辺倒は飽きる

「同じことばかり」は実は効率がよくない

人間はそもそも飽きっぽい生き物です。

特に「同じことばかり」だと早々に集中力が切れてしまいます。

そんな飽きっぽい脳に合わせるとしたら、**1日に勉強する教科は1教科でなく、3教科くらいがおすすめ。**

同じ教科の中でも、様々な分野をやるほうがいいです。

たとえば2～3時間英単語と英熟語を勉強したら休憩を入れ、その次は英文音読を2時間やる。そして飽きてきたら休憩を入れ、その次は理科や数学をやる。

こんな具合に、適度に複数の教科や内容を盛り込みましょう。

ミックスする教科の数は2つでも4つでもお好みでかまいません。**とにかく「一辺倒になる」のだけは避けてください。**

勉強に飽きたら15分ランニングしよう！

もう1つおすすめなのが、勉強に飽きたらちょっと外に出て15分くらい走ること。

ようするにリフレッシュタイムを作ろうという話です。

ランニングすると交感神経が活発になって、スッキリ爽快な気分になりますよね。走った後に気分が落ち込むという人は聞いたことがありません。

この、ちょっとハイになるくらいがよくて、そのハイな気分のまま、勉強を始めると効果的。

ランニングじゃなくても、ほかに何か好きなことをしてテンションが上がった状態になったタイミングで勉強を始めるのもいいです。

とにかく脳は飽きっぽいので、自分の脳を上手くだまくらかしながら勉強しましょう（笑）。

220ページの「集中力のない人におすすめのスケジュール」で、飽きっぽい人におすすめの勉強スケジュールも紹介しているので、よかったら参考にしてください。

No.
047

「焦り」を最小限に抑える方法

テスト前は1分間シミュレーションせよ!

テストの難易度によって
「何点とればいいか」は変わる

テスト中の動揺は最小限にできる

テスト中、「思ったより問題が難しかった」「予想と違う問題が出た」といった経験はありませんか？ このときに焦ってしまうとパフォーマンスに大きな影響が出てしまいます。特に英語や国語など文章を読む系の教科は、一度精神が乱れるとなかなか立て直すのが難しいんですよね……。

その焦りを最小限にする方法があります。

それは**「事前にいくつかのパターンを想定しておく」**こと。

試験前に「試験が簡単だったパターン」「通常パターン」「難しかったパターン」のそれぞれで、どうやって問題に取り組むかを多少なりとも想定しておくのです。

たとえば、テストの難易度が急に難しくなったとしたら、「8割とりたいな」という目標を6割か7割に落とす必要がありますよね。

その場合はいわゆる「捨て問」も発生するので、問題を解く速度や順番、どこを飛ばすべきかなどもその場で考えなくてはいけません。ところが**「95点とるぞ！」としか考えていないままテストに臨み、想定外に難しかったら、人って意外と冷静ではいられないんです。**

そういったシミュレーションを、テスト当日の直前か、できれば前日くらいからしておくと、当日のテストで想定外のことが起きても落ち着いて対応できます。

テスト中に悲観して落ち込んじゃう人は多いのですが、点数にダイレクトに響いてしまうのですごくもったいないです。

テスト問題の傾向が変わったらラッキー！

定期試験でも共通テストでも二次試験でも、傾向をつかむためにも過去問をやるのはとても大事。でも、「テストの傾向は変わるもの」と覚悟して当日を迎えたほうがいいです。

ちなみにですが、試験本番で傾向が変わったらみんな焦って平均点が下がりやすいので、ある意味チャンスなんですよ！

No.
048

テスト当日朝と直前の過ごし方

いつもより30分だけ早く起きよう

たったそれだけのことで生まれる大きな違い

30分だけでいいから早起きしよう

テスト当日は30分だけ早く起きて、テストの最終確認をするというのが僕のルーティンでした。

人間って追い詰められると想定外の力を発揮するので、当日の集中力って本当に凄い。

そのパワーを利用して30分で一気に記憶を強化するというわけ。

取り組む内容は、前日までやってきた勉強の中で**「全く覚えていないわけではないけどしっかり覚えきれているか不安」なものを中心にします。**

ただ、鉛筆を持って計算したり書いたりする必要はなく、目で追いながら確認していくほうが効率的です（30分しかないからね）。

そしておまけでもう1つ、裏技があります。

若干、今まで言ってきたことと矛盾すると思うかもしれませんが、5個くらいなら当日その場で新しいことを頭に詰め込んでいくのもアリです。

テスト当日だったらさすがに忘れないでしょう的な発想の裏技ですが、僕は定期テストのときは「最後の5個」を詰め込んで挑んでいました（出題されたらラッキー♪）。

テスト直前の過ごし方

テスト直前の休み時間は勉強すべきかどうか。

英語と国語に関しては絶対にやったほうがいいです。テストの直前に文章を読んで脳をウォーミングアップしておくことで、さらなる点数アップが期待できるからです！

詳しくは「英語のテスト開始直前は音読しろ！」（148ページ）でもお伝えしますが、国語に関しても同じ効果が期待できます。

ちなみに、それ以外の教科は直前に勉強する必要性はありません。あと、勉強している人の邪魔するのはやめときましょうね、恨まれるから（笑）！

No.
049

学校が重荷になっていたら本末転倒

宿題はまじめにやるな！

答えを見て写すのは全然OK

宿題は答えを見てもいい

やたら宿題や課題の量が多い学校ってありますよね。

学校としてはとにかく少しでも勉強してほしいのでしょうけど、宿題が重荷になって勉強の妨(さまた)げになっている人って実は少なくありません。**「自分のペース的には今この分野を勉強したいのに、全然違う範囲の宿題をやらされる」**なんてケースもかなりよくある話だと思います。

で、僕の意見。**そんなときは迷わず答えを写しましょう！**

自分の勉強の邪魔になる宿題には時間を使わないでください。

真面目な性格の人は、宿題で答えを写すことに気が引けるかもしれせんが、勉強はよい意味で大胆にやる必要もあります。

課題が負担で学校に行けなくなった人の話

その根拠として、僕が家庭教師をしていたときに経験したケースがあります。不登校の子が二人（中2の子と高1の子）いたのですが、学校に行きたくない理由が、二人とも**「課題が提出できないから」**だったのです。

僕みたいなタイプは「答えを丸写しすればいいじゃん」と思うのですが、その子たちは解答を見て写すようなことはポリシーに反するからイヤらしい。しかも問題は一番最初から順番にやらないと気が済まない。だから途中でわからない問題があるとそこで止まってしまい、先に進めなくなってしまうのです。だから提出もできない。

もちろん勉強のやり方や性格は人それぞれなのだけど、これだと勉強は上手くいきにくい。ある意味、**大胆でずる賢い人**のほうが上手くいきやすいとも言えます。

課題に取り組む前に「なんのためにこれをやるのか」を考えてみよう。その課題は真面目に取り組むべきものなのか。馬鹿正直に取り組むのは、それを考えてみてからでも遅くありません。

間違っても「課題の提出」を勉強の目的にしちゃダメです！

No.
050

これは特に注意！
勘違い多し！

難しい問題をできる必要はない！

それよりも苦手分野をなくせ！

「こんな難問解けたぞ！」はいらない

大事な話をします。「難しい問題」を解けるようになる必要はありません！「こんな問題解けたぜ」と自慢したくなる気持ちはわかりますし、僕にも経験がありますが、ただの自己満足だったなと反省しています。

というのも、**難問って、受験にほぼ出ないんですよ。**出たとしてもみんな解けないから差はつきにくいし。

だから、難問対策するよりも、苦手分野をなくすことに時間を使うべき！

みなさんにもありませんか？「あの問題、出ないでほしい」とこっそり願っている苦手分野。ちなみに僕は化学の溶解度積の問題が最後まで苦手でした。アレだけはどうにも苦手で克服しきれず、いつも「出ないでほしい」と願っていました。でも出ちゃうんですよね。だから点数もなかなか伸びませんでした。

そこで、その分野に特化していろいろな参考書を漁(あさ)りまくり、5人くらいの先生に聞きまくりました。どんなに苦手でも基礎問題だけは全ての分野をおさえておくのがマストだからです。

自分の得意分野の難問を解いて喜んでいる人がけっこういますが、**成績が伴ってない場合は基本的な問題で「穴」となっているところが絶対あるはずです。**

京都大学までは、基本的な問題で入れる

僕は現役のときに京都大学を受験したのですが、そのときも苦手分野をなくすことの大切さを痛感しました。僕は穴がたくさんあったので、そこをつぶすのを優先すべきだったのだと思います。

京都大学を含む国公立の難関大は、基礎問題で穴のある人から落ちていきます。難問に挑戦するのはよほど余裕のある人か、一部の私立大志望でマニアックな問題が出題されることがわかっている人だけで十分。

難問を解く前に、まず基礎問題。とにかく「穴」をなくすのが先決です！

No.
051

点数に一喜一憂は禁物！

模試なんていわゆる「練習試合」

本番でよい点数をとればいいから
模試は何点でもいい

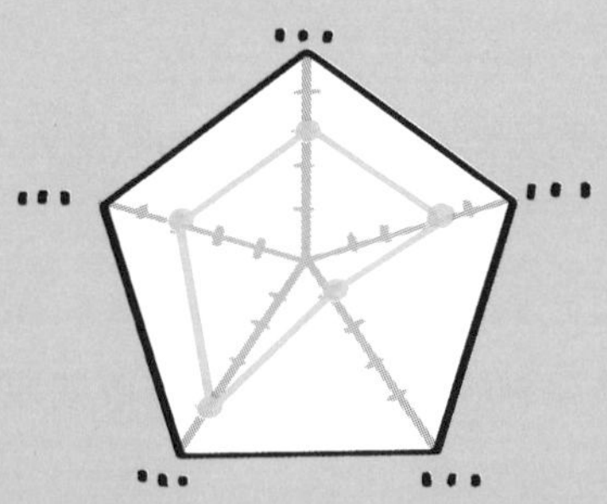

模試の点数はどうでもいい

模試の点数がよければ嬉しい！ 悪ければショック！

そう思うのは当たり前ですし、別に悪いことではありません。

模試の点数で感情が動くということはしっかり勉強している証拠。

だって、全く勉強してなかったら成績悪くても悔しくもなんともないもんね。

ただ、みんな、ちょっとだけ胸に手を当てて考えてみてほしいです。

「ちゃんと復習、してる？」

模試はあくまでも受験本番に向けた練習試合なんです。

できなかった問題は、なぜわからなかったのか？

逆に、できた問題はどうしてできたのか？

時間配分は上手くいった？ 新たに自分の苦手な分野は見つかった？

このようにいろいろな観点で見直してみましょう。

模試は自分の弱点や穴に気づかせてくれる、成績アップのための絶好の機会です！

成績表を親に見せるときは

「親に成績表を見られるから、いい成績とらないとヤバイ」という人もいると思います。

その気持ち、とてもわかります。僕もそうでしたから。

あまりいい成績じゃなかったときの対処方法は、今後の改善点を伝えること。

「今回の模試でこういうところが足りないのかわかったから、今後はこういうことをしていこうと思う」と、成績表を見せながら親にしっかりと伝えるのです。

そうすれば、普通の親御さんだったら納得してくれるどころか感心すらしてくれるはず。それでも怒られた場合は、けっこうキツい親御さんなのかも……。でも、あなたは悪くないから、気にしすぎないで大丈夫‼

No.
052

「授業中に眠くて眠くて死にそうになります」

勉強中に眠くなったら寝ろ！

頭がまわらない状態では意味なし

勉強中は眠くなりやすい

勉強中に眠いと思ったら、その瞬間、寝ましょう！

眠いと思いながらの勉強は、内容がほとんど頭に入っていかないので、効率が悪すぎます！

ただし、この昼寝は20分まで。

25ページでも説明したように、昼寝は20分までならば効果的ですが、それ以上は逆効果と証明されているんです。

僕も、ちょっとだけ寝ることでスッキリして元気になった経験が何度もあります。

学校の授業中でも寝よう！

あと、学校の授業って、よく考えたら**眠くならないわけがないんですね。**

だって、しゃべれないでしょ。動けないでしょ。興味のない内容ばっかりでしょ。

加えてお昼ご飯を食べた後だったりしたら、まあ120％眠くなって当然だと僕は思います。

にもかかわらず眠気をこらえて聞いていても、そりゃ耳に入ってきませんよね。

そういえば高校時代に「先生も寝ずに授業しているんだから、君たちも寝ずに授業を聞きなさい」と言う先生がいたんだけど、そりゃ先生はずっとしゃべっているし、立っているし、眠くならんでしょって思う（笑）。

ただ、先生に怒られることや内申点が下がるのが困るなど、いろいろな弊害もあります。

「そんなの気にならない」という人はいいですが、もし推薦で受験を考えている人は内申点が下がるのはまずい。そういう人は、形だけでもいいから授業は聞くしかありませんね……。

No.

053

定期テストはできるけど、実力テストができない人へ

手当たり次第にやらずに、よりどころを作ろう

それだけで簡単な解決

実力テストができるようになるには

実力テストや模試になると「何を勉強していいかわからない」に陥ってしまう人がけっこういます。

なぜそうなるのかというと、手当たり次第に勉強しているからです。「定期テストが終わったら忘れてOK」ではなく、「定期テストで勉強中したことは受験まで覚えておく」と思ったほうがいいです。**「定期テストの内容の合算が実力テストや模試につながり、さらにそれが受験につながる」**という意識を持ってください。

僕の場合は、定期試験範囲の勉強をノートにまとめて、実力テスト前にそのノートを見返していました。

定期テストのときにノートをまとめるのはもちろん定期テストで点をとるためでもありますが、**それ以降も実力テストや模試の際に見直す「辞書」として活用するのです。**

受験直前の最後の1ヶ月、何をする？

受験の1か月前までにも、そういう自分なりの辞書的なよりどころを作っておくようにしましょう。

ノートじゃなくても「この分野はこれを見れば一通り大丈夫」という、お気に入りの参考書や解説書やプリントなどでもOKです。ほかにも、93ページで紹介したような、問題文を貼って解答を書き写したノートや、なかなか覚えきれない部分にチェックを入れた単語集、間違えた問題だけを集めた自作のノート、17ページのミス一覧ノートなどなど。

そして受験直前の1ヶ月はひたすらその「よりどころ」を見直す作業に時間を費やす！

……すると、高3の11月か遅くとも12月初めまでにはインプット作業やノート作りを完全に終わらせておくのが理想ということになります。

No.
054

「家だとだらけちゃうクセ、どうにかなりませんか?」

なるべく外で勉強をすませてしまえ

家ではリラックスする時間も作ろう

家に着くとリラックスしてしまうのは当たり前

学校や塾が終わって家に帰ってくると「は〜、疲れた」ってリラックスモードに入っちゃって、勉強をする気になりにくいですよね。

テレビや漫画の誘惑もあるので、家で勉強モードを続けるのは至難の業(わざ)。

なので、**僕は塾や図書館、カフェなど、できる限り外で勉強を進めるようにしていました。**

公共の場だと周りに人がいるのでだらけられないし、同じように勉強や仕事をしている人もいるのでなんとなく頑張れちゃうんだよね。

ただ、図書館は19時くらいでしまってしまうので、遅くまでやっているカフェに入り浸っていました。サンマルクカフェなんですけど、23時くらいまでいることもあって店員さんに顔を覚えられていました（笑）。そのお店はもうなくなっちゃったんだけどね。

早く勉強を終わらせてテレビ見ようぜ

これまでいろいろ紹介してきた勉強スタイルでも、僕が家でじーっと勉強し続けるタイプでないことは伝わっていると思います。

それって飽きやすく集中力が続かないことだけが理由じゃなくて、家だとついサボっちゃうからというのもあります。

学校や塾がない日で1日家にいるときも、なるべく外に出るようにしてカフェや公園で勉強したりするのは、**そのほうが緊張感があって集中しやすいから**です。

だけど夜はテレビが見たいので、そんなに遅くまでは勉強していませんでした。

だって家でもずっと勉強モードってきついもん。

家ではのんびりオフモードの時間も作ることも、モチベーションを維持するためには大切です！

Column

「勉強しなさい」と言わずに勉強させるには？

保護者の方へ

✔受験生の「成績表」は親の給与明細みたいなもの

中学生や高校生になると、定期試験や実力テスト、模試などの「成績表」を学校や塾からもらってきます。

親御さんとしては気になって「どうだった？」「見せて」と言うこともあると思います。

でも、できればそれ、ちょっと我慢してほしいんです。

子どもの立場から言わせてもらうと、いい成績のときってあえて自分から見せるもの。

見せないということは、あまりよくないか、本人的に納得がいっていないということ。つまり「今は見せたくない」のです。

成績表はあくまで途中経過を表したものです。

受験生なら本番は受験当日ですよね。

だから、それまでの途中経過を気にしすぎることに、あまり意味はありません。

そもそも、いい成績がとれなくて一番焦っているのは本人。

心の中では「本番までにはなんとか」と悔しい思いをしているはずです。

塾の先生も「受験生の成績表は親の給与明細みたいなもの」と言っていました。

自分の給与明細を家族に見せる気分を想像して、子どもが成績表をもらってきたときも、そっと見守ってあげてほしいと思います。

✔「勉強しなさい」の言葉に説得力はある？

また、「子どもがなかなか勉強しない」と悩んでいる方もいらっしゃるかもしれません。

人は環境に左右される生き物です。

だから「勉強する環境」を強制的に作ってしまうという意味では塾はとても効果的で、価値があると思います（詳しくは202ページの中学受験についての内容もご参照ください)。」

それでもまじめに勉強しない子もいますし、そんなに早くから塾に行かせるのは経済的に厳しいというケースもあるでしょう。

そういう場合は家庭内で「勉強する環境」を作るのが大事です。

親が勉強したり仕事を頑張ったりしている姿を家庭内で見せると、子どもが「勉強や仕事を頑張るのは当たり前」と思い込んでくれる可能性が高くなります。

ちなみに僕が家庭教師をしていたご家庭のお父さんで、タバコをふかしながら「勉強しろ」と言う人がいたのですが、全然説得力がありませんでした。なぜってそのお父さん、自分の子ども時代も全然勉強しなかったそうです（同居しているおばあちゃん談)。そりゃ、子どもも勉強しなくなりますよね。

ほかにも、僕が教えている隣の部屋でゲームをしている親御さんもいらっしゃいました。ゲーム音がね、聴こえてくるんです。子どもも集中できませんよね……。親の姿勢が子どもにとっての「環境」だということ、忘れないでほしいと思います。

あと、「勉強しないならゲームはダメ」「遊びに行かずに勉強しなさい」などと禁止したり強制したりするのは上手いやり方ではありません。

人間は選択の自由を奪われたり行動を強制されたりすると、それに逆らいたくなる心理的性質を持っています（心理学用語で「リアクタンス」といいます)。

「ダメ」と言われると逆にそっちに興味を持つ「カリギュラ効果」もありますので、むしろ「勉強しちゃダメ」と言うくらいのほうが勉強するかもしれませんよ。

3章

合否を決める！「英語」と「数学」のコツ

英語と数学は、やり方によって結果が特に大きく変わってきます。僕が一番力を入れて勉強したのもこの２つで、攻略法も人一倍研究してきました。その方法を余すことなくお伝えします。

No.
055

英文が読めるようになるまでの3ステップ

「英単語」→「英熟語」→「音読」の順が正解！

これで絶対にできるようになる

この3ステップで英文が読めるようになる！

どんなに英語が苦手な人でも、次の3ステップで必ず英語で点がとれるようになります。

STEP1：英単語暗記

一番最初は英単語。英単語を見て日本語の意味がパっと浮かぶようにします。

これは勉強というより訓練。大学受験や社会人英語で必須単語は大体2500～3000前後と言われています。覚えるためには英単語帳を最低3冊はやります。英単語の覚え方については次のページから解説します！

STEP2：英熟語暗記

英熟語をやるかどうかが英語の成績全体を左右するといっても過言じゃないほど、人と差がつくポイント。その重要性は143、147ページでも詳しく語っています。

ちなみに英熟語とは2語以上の単語の組み合わせで1つの意味ができているもの。たとえば「look at」や「a lot of」などは中学時代の最初の頃に習いますよね。受験対策として英語の成績を上げるためには、英熟語を2000個前後覚える必要があります。英熟語帳もいろいろと市販されているので、ぜひ入手してください。

STEP3：英文音読

英単語、英熟語が終わった段階で、英文音読の訓練をスタートします。

共通テストはとにかく時間が足りません。英文を読めて意味が理解できても、時間がかかりすぎると最後まで解答しきれません。そこで、英文を読むスピードを上げるための訓練として「音読」をします。

最初は簡単な文章でいいので何回も繰り返して音読します。僕も最初は半信半疑でしたが、音読訓練を頑張ったところ、**英語嫌いだった僕がセンター試験で9割をとれるまでになりました。**

音読の詳しいやり方は145ページでも説明します！

No.
056

英単語の
正しい覚え方

意味を
複数覚える
必要はなし！

みんなけっこう間違っています！

English
▼
日本語

意外と知らない「英単語の正しい覚え方」

英単語帳を使って暗記作業をするのはみんな一緒ですが、効率の悪いやり方をすると時間がかかりすぎるうえ、身につきません。英単語を覚えるときのポイントを3つ紹介します！

①「英語→日本語」だけでいい

英単語を見て日本語訳がパッと浮かぶよう暗記してください。その逆の、「日本語を見て英訳が浮かぶようになる」ための練習は全く必要ありません。

「それだと英作文ができるようにならないじゃん」と思う人もいそうですが、実は**英作文は英単語帳をやりこむ過程で自然と覚えてしまった範囲内で対応すれば十分**。難しい単語を使おうとするとミスをしやすく、逆に減点される原因を作ってしまうんです（ただし中学単語の500個くらいはマスターしておく必要はあります）！

② 英単語は1つの意味だけ覚える！

まずはそれぞれの単語**メインの意味だけを覚えることに集中**しましょう。単語帳には2つ以上の意味が載っていることも多いですが、まずは1つだけでいいです。理由は、全く意味がわからない単語を早めになくしたいから。**とりあえず1つでも意味を知っていれば、「その単語の意味が全くわからない」ということが起こりにくくなります。**

意味が複数ある単語も多少類似していたり派生していたりするので、想像で補えることも多いです。進みが遅いと精神的にしんどくて投げ出しやすくなるため、それを防ぐという意味合いもあります。よっぽど余裕があって2つ目の意味も覚えたいという人は2周目以降にどうぞ。

③ 英単語帳は違う出版社のものを3冊やる

単語帳は1冊でなく、**違う出版社のものを3冊使います。** どんな単語帳でも漏れがないわけではないし、単語帳ごとに傾向やレベルが限定されてもいます。大学受験に必要な単語は大体2500～3000前後で、3冊くらいやるとだいたい網羅できます！

No.
057

英文を読むときに
やってはいけないこと

英文中の英単語は覚えるな！

単語は単語帳で覚えて

英文中に出てきた知らない単語は覚えなくていい！

「英文読解をしていてわからない単語が出てきたら、覚える必要はあるか？」

答えはノーです。たまたまその文章に出てきただけで、受験に必要な必須単語でない可能性があるからです。必須でもない英単語を覚えるくらいなら、英熟語や音読の練習に時間をかけたほうが絶対にいい！

知らない単語が英文中に3～4個くらいであれば全体の意味をとり間違えることはないと言われています。

その英単語が受験用の英単語帳に掲載されているかどうかを確認して、載っていなければスルーしちゃいましょう。そのためにも、英単語帳・英熟語帳は必ず入手して勉強に活用してください。

英熟語も忘れるな

大事なことなのでここでもまた触れておきますが、単語と同じくらい大事なのが英熟語。英単語帳はやり込んでも英熟語は見落としているという人は多いです。

「苦手分野は苦手なままでいい」（26ページ）で紹介した、苦手な数学より英語に力を入れて合格した生徒も、実は最後の追い込みで英熟語を頑張ったとたん、一気に点数が伸びたんです！

共通テストで出題される10個くらいの穴埋め問題の半分くらいは、英熟語をマスターしておけば解けてしまう内容です。とにかく英熟語は絶対やろう！

ちなみに、英熟語をしっかりやっておくと、英語ができるようになるまでの3ステップの3つ目「音読」の段階で、音読中に文章の意味がわからなくて止まってしまうことが減ります。つまり「英文を速く読めるようになる」という純粋な音読の目的に集中できるようになります。

「英単語帳」は受験生ならみんな使っていますが「英熟語帳」は存在することすら知らない人も。だまされたと思ってやってみて。こっちも3冊ね！

No.

058

英語勉強でないがしろにされがちなこと

英熟語をめちゃくちゃ重視しよう

これで点数だいぶ変わる

結局英熟語で差がつく！　英熟語はやばいくらい大事

しつこいと思われそうですが、まだこの話を続けます。

英熟語は、絶対にやってください。

これをやるかやらないかで、成績ががらりと変わります。

「本当にそんなに必要？ だって『listen to』とか『a lot of』とかでしょ？ 英文を読んでいるうちに覚えるでしょ」なんて油断している人もいるかもしれません。

ではここで問題です。

「put up with」「call on」「go by」「in spite of」

この意味、わかりますか？

もしこの中に1つでもわからないものがあれば、危険です（答えは順に「がまんする」「訪問する」「過ぎる」「にもかかわらず」）。

137ページでもお伝えしたように、大学受験に必要な英熟語の数はだいたい1500～2000個と言われています。

こんなにあるのだから、英熟語帳を使ってしっかり覚えてしまったほうが絶対に効率的です。

英熟語帳のこなし方

英熟語帳も、英単語帳と同じように英語を見て日本語をパッと言えるように訓練します。「日本語→英熟語」は必要ありません。**意味も1つだけ覚えれば十分です。**

僕が教えていた生徒さんで、センター試験（現共通テスト）模試で200点満点中110点くらいの人がいました。話を聞いてみると、単語も英文音読もしっかりやっていましたが熟語だけはやっていませんでした。

そこでこの本で紹介している内容を説明し、英熟語帳に取り組んでもらったところ、本番ではしっかり160点（8割）をとって帰ってきました。

僕自身も受験生時代に熟語の大切さを実感していましたが、生徒さんたちを見ていても「やっぱりそうなんだな」と痛感しています。

No.

059

英文音読の正しいやり方

この「5つのルール」に気をつければ、読める！ わかる！

読めるようになれば、長文読解もできる

英文音読の具体的なやり方

英文が読めるようになるまでの3ステップの最後のステージは音読です。ポイントは次の5つ。

- 毎日する
- 簡単な文章（中学生レベルくらい）から始める
- 短めの文章でする
- 同じ文章を何回も読む
- 受験までやり続ける

音読の題材としては、僕はZ会出版の『速読英単語』『速読英熟語』の文章部分を使っていました。

この英単語帳・英熟語帳って、英単語・英熟語の意味が書いてある次のページに、その単語熟語を使った英文が載っているんです。英単語・熟語ページはとばして、文章部分のみ音読に使っていました。

ほかにも、実践的な問題の文章部分や共通テストの過去問や模試で出た英文などを使っていました。

1日30分〜1時間は音読をしよう

「音読なんかで本当に読めるようになるの？ 点が上がるの？」と疑問に思う方もいるかもしれません。

僕も実際「音読をせよ！」と聞いたときは「なんで？」と思った記憶があります。

でも、**半信半疑で音読を始めてしばらくたった頃、「なんだかスムーズに読めるようになったかも」と気づきました。**

毎日30分〜1時間が目安。正直なところ、音読にそれだけの時間をかけるのはけっこうしんどいです。ただ、**英文をスピーディーに読めるようにさえなれば、英語の筆記問題はほぼ解けるんです。**共通テストでも問題の8割くらいは長文読解問題ですからね！

No.
060

日本人は
文法ばかりやりすぎる！

英単語と英熟語は文法の5倍大事

みんな勘違いしないで

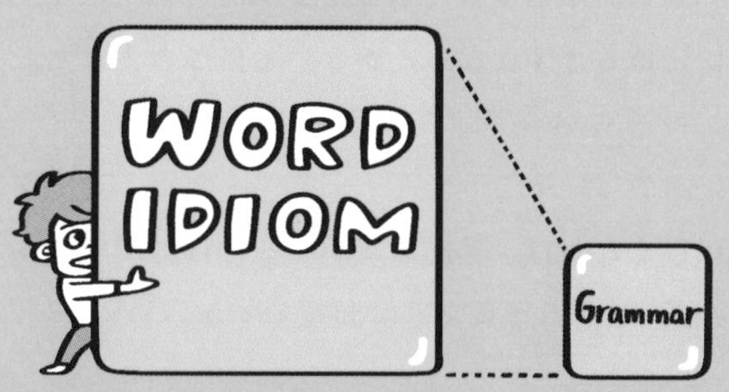

文法だけで英文は読めない

学校の英語の授業は文法が中心なので「英語は文法が大事だ」と思っている人が多いかもしれません。

断言します。**英語の成績を上げたければ、文法より先に「英単語」そして「英熟語」に集中すべきです。**

たとえば「I wash my hands.」という英文があります。いくらS（主語）が「I」、V（述語）が「wash」、O（目的語）が「my hands」とわかったところで、それぞれの単語の意味を知らなければ文章の意味は全くとれません。

逆に、単語の意味を知っていれば「『wash』が『洗う』で『my hands』が『自分の手』だから、ああ、『自分の手を洗う』って意味かな」と、文法があまりわからなくてもだいたいの意味は理解できますよね。

英単語と英熟語をがっつりやると成績は絶対上がる

今の例は極端に簡単なものではありましたが、**共通テストで出題される英文のレベルなら、英単語と英熟語をおさえておけばだいたい内容はわかります。**

逆に、**文章の中に知らない単語が5個以上あると、全体の意味を理解するのがちょっと難しくなってきます**（3～4個なら大丈夫）。

だから英語の勉強で最初にとりかかるべきは文法より「英単語」「英熟語」。

僕がここまで口を酸っぱくして言うのは、日本人は文法に重きを置きすぎているから。

英文法は中学校程度の基礎レベルで十分です（難関私立大学の英文科などを受験する人は話が別！）。とにかく英単語と英熟語をがっつりやってみてください。

No.
061

英語脳へ
切り替える方法

英語のテスト開始直前は音読しろ！

英文に頭を慣れさせる

英語脳へ切り替える

英語のテスト開始10～15分前に、絶対にしてほしいこと。それは英文音読です。

いわゆる、ウォーミングアップってやつですね。

この効果で、**脳が英文を読むモードに切り替わって、テスト開始後、すぐに英文をスムーズに読み始めることができます。**

想像してみてください。

それまで友達と通常モード（日本語モード）で話していて、テスト開始後いきなり英文を読み始めても、最初はなかなか英語がスッと頭に入ってきませんよね。

僕も受験生時代、ウォーミングアップせずにテストや模試を受けることがありましたが、たいてい最初の10分くらいは英文が本調子で読めず、「音読しとけばよかったな」と後悔したことがしょっちゅうあります。

時間勝負のテストのときほど効果的

だからセンター試験（現共通テスト）本番日は、寒いなか、中庭に出て音読していました。

特に浪人時は、知らない人ばかりだからボソボソ音読する声を聞かれても別にいいやと思って（笑）。

同じ予備校に行っていた女の子で、僕と同じように階段の踊り場で音読している子がいて、僕は勝手に「仲間だ」とも思っていました（笑）。

ちなみにこのときに読む英文は、定期試験ならその範囲の教科書でもいいし、模試や受験本番だったら過去問や問題集の問題文などでOK。

ただ、1つ気をつけてほしいのは、**何回も読んだことのある文章を読むこと**です。145ページで紹介したZ会出版の『速読英単語』『速読英熟語』に載っている英文もおすすめです。僕はこのウォーミングアップをするかしないかで、英文を読むスピードが実際だいぶ違うと実感しました。みんなもやってみて！

No.
062

数学が苦手な人は
むしろチャンス

超重要！数学こそパターンを暗記する！

暗記科目と考えると
グンとラクになる

数学は実は暗記科目と心得よ

数学が苦手な人にこそ真似してほしい方法があります。

そのやり方は次の通り（下に貼ったノートの例も参考にして）。

❶ 問題をコピーしたり切ったりしてノートに貼る

❷ 解答を手書きでまるごとノートに写す

❸ ノートに写しながらその理論や理屈を理解する

❹ そのノートを何度も見返して覚える

基本はこれだけ。問題の数だけこの手順の繰り返しです。

特に大事なポイントは❹で、何度も何度も見て覚えてください。

ただ、単なる丸暗記ではダメです。

理論自体を理解して、理論も含めまるごと覚えるということ。

「その理論を使ってどうやって問題を解くか」という部分も含めて覚えるという意味です。

作ったノートは20回見返そう！

数学の問題パターンには限りがあります。

一見難しそうでもパターンとパターンの組み合わせなので、いかに多くの問題パターンとその解法を頭に入れておくかで成績は決まります。だから数学が苦手な人ほど、そのパターンと解法を1つでも多く頭に入れてほしい。

「パターンの暗記8割：演習2割」くらいの感覚でいれば、確実に成績が変わってきます。

数学を「考えながら解く科目」と思っている人は「解いたことにならないじゃん」と思うかもしれませんが、成績を上げるにはこれが最短距離。苦手な人こそ、この方法を試してほしいです。

なお、せっかくノートを作っても、その内容を忘れてしまっては全く意味がないので、「7–3勉強法」（22ページ）を参考に、絶対にノートは見返してね。僕の場合、受験までに同じノートを20回くらい見ていました。

No.
063

国立文系志望者に
朗報!

数学が苦手な人は苦手なままでいい!

1問の配点が大きいから、得意な人でも間違えれば差がつかない

数学こそ、無理して得意になる必要はまったくない

数学が苦手な人は、得意になる必要はありません。

難しい問題よりも、各分野の基礎をある程度マスターすることに尽力してください。

そもそも数学って、**得意な人でも大失敗するリスクが高い教科**なんですよ。

なぜなら1問ごとの配点が高いから。

しかも解くための最初のとっかかり、つまり解法を思いつかなければ答えを出せません。

だからいくら数学が得意な人でも、出た問題がたまたま解けなかったり、計算ミスしたりすると、その1問がパアなんです。

で、問題の数自体は少ないから、1問の配点が40点や50点（200点満点）なんてこともある。もちろん部分点もありますが、最初がわからないとそれも難しくなってしまいます。

土砂崩れしやすい数学、安定しやすい英語

その一方で、そんなギャンブルみたいなことが起こりにくいのが英語や理科、社会などです。

英語が得意な人はそもそも英文をしっかり読める人が多いうえ、1問あたりの配点も高くないので、数学のような「点数土砂崩れ」が起きにくい。

理科や社会なども「知っている」「覚えている」だけで解けることが多い科目です。

文系でも理系でも国立を目指すなら必要になりやすい科目といえば英語と数学ですが、**英語と数学のどちらが得意なほうがいいかと言ったら、英語が得意なほうが安定しやすいのです。**

そんなわけで、そもそも数学が得意でないのなら、そんなリスキーな教科を得意になろうとするよりも、他の科目に力を入れるべきです！

No.
064

計算ミスの防ぎ方

「どんなに簡単でも暗算しない！」「大きな字で書く」

この超シンプルな2つだけで
全然違う

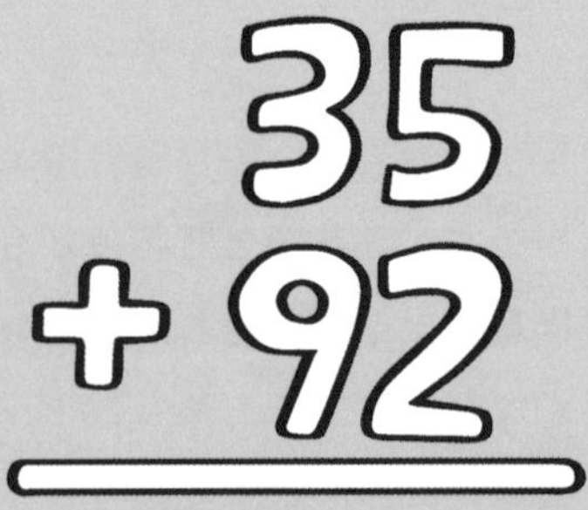

計算ミスのほど痛いミスはない

「解き方はわかっていたのにちょっとした計算ミスで減点された……」

それってめちゃくちゃ悔しいですよね。

特に数学は1問あたりの配点が大きいので、**ちょっとした凡ミスで10点とか20点とか失ったときのショックたるや……。**

だから計算ミスをするのは絶対に避けたい。そのために僕が気をつけていたのは、字を丁寧に書くと暗算せずに筆算を書くの2つです。

字は普段からなるべく丁寧に大きく書いてほしいというお話はすでにしました。字が汚くて雑だと、自分の字を自分で読み間違えやすくなるだけでなく、用紙の計算スペースが足りなくなることもあります。

僕、ひどいときは計算の途中でスペースが足りなくなって、消しゴムで消して上から書いていたんですよ……。

こんなことすると計算の途中過程が確認できなくなるし、最後に見直しもできなくなるから、本当は絶対に避けるべき！

だからどんだけ簡単でも暗算するな！

そしてもう1つ大切なのは、なるべく暗算をしないこと。

もちろん九九くらいなら大丈夫です。

それよりもうちょっと難しい、**「12×8」とか「35+92」くらいの、つい暗算で済ませられちゃうレベル感のものを筆算するのです。**

これ、暗算だと意外に計算ミスが発生するんですよ。

特にテスト中って焦っていたりして、普段の精神状態ではなかったりしますからね。あえて丁寧に筆算しておけば、計算ミスが起きにくくなります。

僕は大事な試験であればあるほど、面倒くさがらずにあえて筆算をしていました。

計算ミス以外の全体的な部分に関しては「『水たまり理論』でミスはなくせる！」（16ページ）も参考にしてね〜。

No.
065

あの有名参考書を
あえて使わない！

青チャートは
やるな！
難しすぎる！

辞書として使おう

青チャートは「標準レベル」ではない

『青チャート』ができなさすぎて落ち込んでいる人はいませんか？

全然気にする必要ないから！

あのね、青チャートってみなさんが思っているより断然難しいです！

そもそも青チャートとは、数研出版から出ている『チャート式○○（分野）』と銘打った問題集で、「白＜黄＜青＜赤」の難易度別になっています。

で、なぜか『青チャート』が学校指定の問題集とされている人がけっこう多いんですよね。

学校指定というからには青チャートが標準レベルと思いがちですが、実際はかなりレベルが高い人です。

だから実は、一番最初にとりくむべき問題集ではありません。

ぶっちゃけ、青チャートが全部できる人は東大合格も現実的なレベルだと思います。

難しい問題よりも基礎問題の穴をなくすのが優先

にもかかわらず学校で配られることが多いからか、みんな必死で解こうとしちゃうんですよね。だけど難しいからなかなか進まない。そうこうしているうちに基礎・中堅レベルの問題をやり残してしまう。

これは本当に危険で、繰り返しになりますが、中堅国公立や関関同立あたりは、基礎問題に穴のある人から落ちていくんですよ。

だから、どうしてもチャート式をやるなら、**青の前に黄色をしっかりやったほうがいい**です。

ちなみに、**市販の参考書や問題集で「基礎問題集」と銘打っているものでもレベルが高すぎる問題もちらほら含まれています。**

「東大 or 難関私大ではこんな難問出ていますけど !?」というクレームを防ぐのが目的なので、うのみにしないでね！

難問を解けるようになる必要は、ありません！

Column

TikTokerとしての僕

✔ 有名になりたい！

僕、人前でしゃべったりたくさんの人に発信したりするのが好きなんですよね。

「有名人になりたい！」って純粋に思っていて。

10個くらい年上の人と組んでYouTubeに動画をアップしていた時期もあったんですが、反応があまりよくなくてコンビは解散しました。

じゃあ次は一人でやってみようと思っていたときに、TikTokがよさそうとの噂を聞き、始めてみたんです。

最初は高校生や医大生にまつわる「あるある」ネタをアップしていたんですけど、豆知識を投稿したら思いのほか評判がよくて。

なので最近は「へ～！」と思ってもらえるような豆知識系のネタを中心に投稿しています。

最低でも1日1本以上は投稿するようにしていて、忙しいときは事前に撮りためておいたものを放出しています。

ネタや構成は思いついたときにスマホにメモ。

撮影も編集もスマホだけで行って、1本あたり早いときは50分くらい、ほとんどのものは2時間くらいで完成します。

ちなみに思いついたネタをすぐ撮影すると独りよがりになりがちなので、なるべく1日寝かすようにしています。

✔ 「どうしたら飛ばされないか」を考えて作り込んでいる

一番意識しているのは「最後まで見てもらうこと」より「動画が表示された瞬間、飛ばされないこと」です。

YouTubeは自分で検索して動画を見る人が多いと思うけど、TikTokはアプリが勝手におすすめするものをどんどん表示する形式なんですよね。

だから僕の動画を見たいかどうかわからない人にも勝手に表示されるというわけ。

たくさんの人に見てもらえるチャンスがあるという意味ではありがたい仕組みなんだけど、そのぶん、一瞬で興味を引きつけないとすぐに飛ばされてしまうリスクもあります。

だから最後まで見てもらうのももちろん大事なんだけど、それよりも最初の段階で「つまんない」と思われないような作りを僕は意識しています。

コツとしては、**画面に表示されるタイトルや言葉をキャッチーにする**こと。

「え？何なに？」と思ってもらえるような意外性を意識することもあれば、「わかる〜！あるよね〜！」と共感してもらえるような普遍性を意識することもあります。

これって、本を書くときも一緒なんだよね。

だからこの本の見出しもけっこうキャッチーにしているつもりなんだけど、どうかな（笑）？

✔ 目標は「医師タレント」

そんな僕のやりたい仕事は実は5つあって、「医師」と「タレント」と「経営者」と「作家」と「教師」です。

この本を書いたので「作家」はクリア（笑）！

教師は老後にやろうと思っているので、当面の目標は大学を卒業して無事に医師になり、ゆくゆくは医師タレントとしてテレビに出たいです。

そんなわけで、次はテレビでお会いしましょう！

4 章

受験・テスト本番を絶好調で迎えるコツ

試験・受験本番日が近づくほど「何をしてよいかわからない」とうろたえるもの。しかし、ここで焦って変な手を打つとこれまでの努力が台無しに。最高の状態で本番を迎え、最大限のパフォーマンスを発揮する方法、伝授しちゃうよ。

No.
066

受験が近づいたら
絶対に
思い出してほしいこと

受験1週間前からは鉛筆を持つな

確認作業だけ繰り返そう!

「受験1週間前」にやるべき正しい勉強方法

今が受験直前ではない人もぜひ読んでおいてほしいのですが、受験1週間前からは鉛筆を持ってはいけません。

18ページでも「テスト前日は鉛筆を持つな！」と話しましたが、受験直前期にも該当する大切なことなので、あらためて「受験1週間前の正しい過ごし方」を紹介しておきます。

受験1週間前は、ひたすら確認作業を繰り返してください。

今までやってきた**英単語・英熟語帳や一問一答集、内容をまとめた自分ノート、間違えた問題だけを集めた自作のノート、愛用している参考書**など。いわばそれらはあなたが勉強してきた軌跡。全てに目を通してやろうと思って過ごしてください。

ただ、かなり膨大な量になるはずなので、目で追ったり口でボソボソしゃべったりして確認するだけで大丈夫。鉛筆を持って新しい問題に手を出したり、すでにできる問題をだらだら解いたりはやめましょう。

新しい問題に手を出して解けないと精神的にも余計に不安になるし、逆に、そのせいで今まで覚えてきたことの確認が漏れてしまうと、頑張りが無駄になってしまう……！

唯一鉛筆を持っていいとき

そうはいっても確認作業をする過程で「これはちょっと1回手を動かしてやっておいたほうがよさそうだ」という問題ももちろんあるでしょう。

そういう問題はもちろん書いたほうが定着するので、どんどん手を動かす。**「鉛筆を持つな」というのは「絶対できるような問題をまた解いたり、新しい問題に取り組んだりするのは時間が無駄になるよ」という意味。**

また、このような直前の「確認作業」は、これまでの定期試験や実力テスト、模試などでも続けてきたはず。受験本番でも同じように取り組むことで、緊張をおさえて平静を保ちやすくなります。受験だからといって特別なことをしなくてもいいのです！

No.
067

あなたにあった
「試験」がきっとある！

受験は
作戦勝ちせよ！

根気よく形式と傾向を
チェックしてみて

受験形式はたくさんある

たとえば早稲田大学に受かるチャンスって、1年に5回以上あるってみなさん知ってますか？

「AO入試」「推薦」「共通テスト利用」「共通テスト利用＋一般入試」「一般入試」で5つ。学部によってはもっと形式がたくさんあるでしょうし、ふたつの学部を受けたら2倍して合計10パターンの受験方式が存在します。

早稲田大学を例にしましたが、ほかの大学ではもっとレアな受験方式もあったりします。

人によって「どの受験方式が一番受かりやすいか」も違うので、受験情報はできるだけたくさん集めておくに越したことはありません。

出る分野の傾向によって受かりやすくなる

僕もそうだったんですが、**意外と「この大学にこんな受け方があったんだ」と、受験直前になって知ることも珍しくありません。**

細かいところだと、共通テストの数学の点数だけ2倍になる学科や、その逆で2分の1になる学科など、単に教科の種類だけでなく配点も各学部・学科で違ってくることがあります。

出題内容に関しても、たとえば「整数問題は毎年出るけど図形問題は出ない」や「英語の文法で重箱の隅をつつくような問題が出る」など、本当にいろいろです。また、全体的な問題の傾向としても「難しい問題ばかりが出て6割とれたら受かる」と「基本的な問題ばかり出て8割とれたら受かる」のタイプがあります。

もし**自分の得意にぴったりハマる学校や学部・学科**が見つかったら、合格できるかもって思いませんか……？

ちなみに**そういった情報は塾でチューターさんと話しているときに発見することも多い**ので、塾に行っている人はそういう面でも積極的に塾を利用していこう！

No.
068

アガらない方法なんて知らなくていい

緊張したら勝ち！

だってそれは
頑張ってきた証拠だから

成績いい人ほど緊張する

試験って緊張しますよね。受験本番だとなおさらです。

けど、周りを見回してください。1つ言えるのは、**模試でいい点数をとってきた人ほど緊張するということです。**なぜなら、「模試と同じ点数をとらなくては」というプレッシャーがあるから。

つまりしっかりと勉強してきた人、成績がよい人ほど本番は緊張するんです。

だから、周りに自分より頭のいい人がいたら、「あの人も絶対緊張している」と思って自分を勇気づけましょう（笑）。

僕も、センター試験前日はめちゃめちゃ緊張していました。

いつも行くココイチのカレーを食べに行ったんですけど、3分の1も食べられなかったです。それで「なんだ俺、緊張してんじゃん」って自覚したんですよね（笑）。

緊張したときはどうすればいい？

あがっちゃってどうしようもないときは、まずは緊張している自分を自覚してください。「緊張したくない」と思うと、逆にそれがプレッシャーとなって身体が反応してしまいます。

むしろ僕はその緊張を楽しんで「さあ、この緊張している俺様、この受験という晴れ舞台でいっちょやったろうじゃないの。**この教室の中で俺が一番頭いいんじゃ〜〜！」**くらいのスタンスで臨んでいました。それと同時に**「まあこれがダメでも死にはせん」的な気持ちでもいました。**

成績のいい人のことは羨ましく感じるものですが、その人たちはきっとあなた以上のプレッシャーと戦っているはず。

どれだけいい成績をとり続けてきたとしても、受験当日は平等に0点からのスタート。そう思うと、少し気がラクになりません？

「緊張するほど勉強してきたんだから大丈夫」と自分に言い聞かせ、あとはベストを尽くすのみ！

No.
069

家族の心配が
ありがた迷惑に
ならないように…

受験前日は ホテルに 泊まろう

いかに自分のペースを
作れるかが大事

受験前日はホテルに泊まるのもアリ

僕は受験前日、あえてホテルに泊まりました。

それは遠方だったからではなく、単に**自分のペースを乱されたくなかったためです。**

実家だと受験当日の朝、家族がワーワーうるさいわけですよ。

やれ「受験票はある？」だの「鉛筆忘れないでね」だの、いやいや、持ってるに決まってるでしょって（笑）！

もちろん家族は善意で言ってくれているわけですが、僕としては自分のペースで過ごしたかったのです。

特に共通テストは時間がタイトなので、一人で気持ちをしっかり集中させたい。だけど周りからあれこれ言われると疲れるし落ち着かない……。

だから家族には申し訳ないけど、あえて前泊をさせてもらいました。

ただし、枕が変わると寝られないとか、環境が変わると落ち着かないという人は自宅のほうがいいかもしれません。

受験前日は何時に寝るべき？

この作戦、僕としてはとてもよかったと思っています。

おかげで前夜も当日の朝も落ち着いて過ごせました。

もちろん緊張はしているので、22時にベッドに入ったのに1時か2時くらいまで寝つけませんでしたが。

僕と同じように、緊張して寝られないっていう人も多いと思います。

ただ、寝るのを諦めちゃダメです。

「目を閉じて横になっているだけで睡眠の8割が確保できる」という研究もあるくらいなので、とりあえずベッドで横になっていましょう。

1分でも長く寝たほうが、頭はしっかり働きます！

No.
070

苦手科目があっても
受かりやすい
有名大学は？

どんな成績の人でもとりあえず早稲田をめざせ

偏差値50以上の人は
東大・京大めざせ

この本を読破したら早稲田は絶対いける！

今どれだけ成績がよくない状態だったとしても、本気で早稲田大学を目指してください！　理由は2つあります。

1つ目は、**早稲田に受かるチャンスは意外と多い**ということ。苦手科目や分野があっても、案外すり抜けて受かることがあります（165ページ参照）。

2つ目は、**有名大学に本気で行こうと思うとやる気が出る**から。

実際僕も、高2のときに行き始めた予備校（東進）の先生に、「ガチで東大狙えるよ」と言われてその気になったんですよね。当時、けっこう痛い成績だったのに（笑）。

だけどそこで上手くのせられて本気で勉強を頑張ったから、東大ではないにしろ、結果的にそれに匹敵するレベルの「医学部」に入れのだと思う！

本当の第一志望に合格する人なんて一握りです。

高3の夏に行きたいと言っていた大学がAランクだったとすると、11月くらいにはBランクの大学を志望するようになり、最終的にはそこにも合格できなかった、という人は少なくありません。悲しいけどそれが現実。だからこそ、最初に掲げる志望大はレベルを思いっきり上げておくべきです。

東京大学ってどんなイメージ？

ちなみに、早稲田はすでに合格の視野に入っているという人は、本気で東京大学を目指してください。

僕も高校1年生くらいまでは「東大は天才の集まりだ」「キモイくらい勉強した人が合格する」と思っていましたが、実際はそうとも限りません。東大も、基礎をおさえて苦手分野を最低限にすれば本気で目指せる場所です。

だからもし志望校選びで迷っている人がいたら、とりあえず早稲田か東大を本気で目指してみよう！

No.
071

受験生にとって
永遠の課題は
こう考える

理系か文系かで迷ったらとりあえず理系！

それでも迷ったら
自分の得意教科で決めよ

迷ったらつぶしのきく理系！

「理系にするか文系にするか」。受験に大きく影響する大事な選択です。「将来どんな仕事に就きたいか考えて決めなさい」と僕は先生に言われましたが、そんなの高校2年生で明確に決まっているとは限らないですよね(もちろん決まっていたらそれで決めるのはアリです)。

僕個人的には、文系か理系かに迷ったら「理系に行け」とアドバイスします。

なぜなら理系のほうがつぶしがききやすいからです。

理系から文系へ転向するのを**文転**、その逆を**理転**と俗に呼びますが、理転より文転のほうがはるかに簡単です。

また大学受験時、理系だと文系っぽい学部を受けられますが、逆は難しいのです。

実際、僕は理系でしたが早稲田大学の人間科学部と慶応大学の商学部を受けました。

就職においても、**「工学部なのになんでそんな文系っぽい仕事に就いてるの !?」**という人もわりと見かけます。逆に、文系の人が理系職に就職するのは厳しい印象です。

得意教科で選ぶのも大事！

あとは、得意教科で決めるのもアリだと思います。

得意教科や好きな教科でないと、勉強していてつらくなりやすいから。

だから、あんまり難しいことを考えずに、好きな教科や得意科目で文理選択をしちゃうのも OK です。

たとえば理科が好きだったら理系、歴史が得意だったら文系。その程度でいい。

自分が好きな教科や得意な教科だったら勉強する気が出やすいよね。**勉強自体を嫌いにならないのが一番大事！**

No.
072

「いつから始めるか問題」の答え！

受験勉強は高2の夏からでよい！

それまでは遊ぼう

高2の夏までは授業についていければOK

受験勉強は高2の夏から始めましょう。それより前に始める必要もなければ、逆にそれより後に始めるのも遅いです。

では高2の夏まで何もしなくていいかというと、そういうわけでもありません。

あくまでも「受験勉強」が高2の夏からで、定期試験の勉強はそれなりにやっておきましょう。

なかでも、強く意識してほしいことがあります。**数学、英文法、古文・漢文の文法**だけは、授業についていけなくならない程度にやっておいたほうがいい。なぜならそれを使ってまた新しいことを学習するから。身につけておかないと、その先の授業がどんどんわからなくなってしまう可能性があります。

それ以外は、まあ、後からでもなんとかなる！ だから勉強だけでなく、友達付き合いや恋愛や部活や課外活動などもめいっぱい楽しんで！

「受験勉強」と「普通の勉強」の違い

ちなみに、高校時代に地理の先生に「地理の受験勉強っていつから始めたらいいですか」と聞いたことがあります。

というのも、「理系志望だったら地理の受験勉強は高3の夏からでいい」という噂があって……。

でも先生の答えは「点数がとれるならいつ始めたっていい。勉強に時期は関係ない、しないよりしたほうがいいに決まっている」でした。

さらにその先生に「受験勉強はいつから始めたらいいですか？」と聞いたら、**「受験を意識した勉強は全て受験勉強だから時期なんてものはない」**と言われ、なんだか妙に納得してしまいました。

ガチガチに受験を意識して勉強するのは高校2年の夏からでいい。

ですが、それまでの期間も少しだけ受験を意識することで、取り組み方や考え方がだいぶ変わってきそうです。

No.

073

「大学、いろいろ調べて決めるのがめんどくさい」

大学を「レベル高いから」だけで選ぶのは、アリ！

プライドは頑張る原動力になる

志望校はどうやって決める？

理系・文系の進路選択と同じように「受験する大学や学部は将来のことをよく考えて決めなさい」と言われますよね。でも実際のところ、入学してみないとどんな勉強をするのか、どんな進路があるのかわからない部分も大きいです。

もちろん将来の夢が決まっている人はそこから逆算して志望大学や志望学部を決めればいいと思います。ただ決まっていない人も多いはず。

そんな場合は、**単に大学のブランドや自分のプライドで選ぶのもアリ**だと僕は思います。「この大学に行ってみたい」という**ミーハー心**や「ここに行けたらスゴイって言われそう」みたいな**憧れ**で選んだっていい！

実際僕も「東大か京大か医学部のどこか行きたい！」という強い（ミーハー）心で志望校を選びました。大学以降どのような進路に進むかは、実際入ってから決まったりするものですから。

大学情報が将来の可能性を広げる

ただ、さんざん口酸っぱく言っていますが、大学情報はできる限り多く手に入れるべきです。

日本には大学がたくさんあります。自分が調べきれていない大学や学部が自分にマッチする可能性も十分あります。

だから遊び半分でもいいので、とにかく調べまくりましょう。

便利なのが、受験関係の本をたくさん出している旺文社という出版社が運営している『**パスナビ**』というサイト。各大学の受験形式や日程、倍率、偏差値、共通テスト得点率などの情報が網羅されていて、さまざまな検索方式で受験について調べることができます。

できれば高2の冬くらいから、なんとなくでもこのサイトを覗いてみよう。

そして、171ページで説明した通り、最初のうちは行けるかどうかわからないくらいのレベル感の大学を目指して、自分を鼓舞して勉強に励んでください。

No.
074

予備校業界のキャッチフレーズにだまされちゃダメ！

「受験は夏が本番！」なわけない！

普通に受験直前が一番大事

勘違いしないで！

「受験は夏が本番」「夏は受験の天王山」って言いますよね。

いや、まあたしかに勉強しないといけない時期ではあるのですが、ちょっと待ってほしい。**「本番」は夏じゃなくて、受験直前です！**

「夏」の時期の勉強はその**下準備**だと思ってください。

受験直前という大事な時期への下積み期間。受験直前と受験当日に最大の力を発揮するための準備期間ととらえるのが正しいのです。

だから夏頃に始める勉強のペースは、後々のことを考えて設計する必要があります。

勉強はマラソンと同じ。ゴール、つまり受験当日に上位にいればいいのです。

それを考えずに、やみくもに勉強してしまうといわゆる「手当たり次第の勉強」になってしまいます。

夏に頑張りすぎると最後バテる

僕の友達何人かの実例ですが、**「受験生になって気合が入りすぎ、前半で頑張りすぎた結果、最終的に失速する」**という人が何人かいました。

受験直前はやっぱり一番勉強しなくてはいけない時期で、そこでの頑張りは受験結果に直結します。

にもかかわらず受験で大事な12月くらいに「なんかもう疲れた。勉強やーめた」って言うんです。もったいなさすぎ！！

早くから緊張状態で勉強をしてしまうとすぐにバテます。

だから「時期」を気にしすぎず、自分のペースで計画的に勉強を進めましょう。

理想的なのは、受験本番1ヶ月前までに、最後の1ヶ月で確認しまくるための**材料**ができ上がっていること。

その方法を、この本であなたは手にしたのです！

No.
075

親世代は対面授業にこだわりがち。だけど、最適な方法は常に変わっている

オンライン授業のほうが成績は伸びる

これからの時代は動画だ

成績が上がりやすいのは動画授業と対面授業のどっち？

2010年にアメリカ教育省が報告している「オンライン学習におけるエビデンスベースの実践評価〜メタ分析〜」によると、**オンライン学習をしている人のほうが、対面授業で学習をしている人より成績がよかった**そうです。

「東進、代ゼミ、駿台、河合……ぶっちゃけ、どの塾がいい？」（104ページ）や「スタディサプリはシンプルにおすすめ！」（222ページ）でもお伝えしている通り、動画授業にはメリットがたくさんあります。

わからないところがあったらいったん止めて考えたり、戻してもう一度見直したりと、自分のペースで学習が進められるのもよいところ。

ちゃんと理解できるから、その結果、成績も上がりやすいということなんですね。

本人に意欲があれば動画授業の利便性に分がある

ちなみに冒頭の分析では「オンライン学習のみ」あるいは「対面授業のみ」の人よりも、**オンライン学習と対面学習の両方を組み合わせている人**のほうが成績が上がりやすかったと報告されているのが面白いところ。

どちらかに偏るよりも、両方のメリットを受けられたほうが成績は上がりやすくなるということですね。

ただし、動画授業で成績を上げようと思ったら1つ条件があります。

それは「ちゃんと勉強する気がある」こと。

動画授業はサボろうと思えばいくらでもサボれてしまう点がデメリット。だから本人にやる気がなければ全く意味がありません。そういう意味では、まだ「勉強する意志」を持ちにくい小学生くらいの年代は、動画授業よりは対面授業のほうが効果が出やすいかもしれません。

自主性があって勉強する気がある人には、動画授業は心強い味方です。親が動画授業に反対するときは、まず勉強の「やる気」をアピールしたらいいかもね。

No.
076

E判定が出たら
どう考えるか

ビリギャルなんてありえない

特殊な例を信じるな

ビリギャルは特殊な例

E判定から慶應大学に合格した「ビリギャル」は映画化もされたので多くの人が知っていると思います。E判定でも巻き返すことができるというストーリーはとても夢があるよね。

ただ、誤解してほしくないことがあります。**彼女はとてつもなく勉強したはずだ**、ということです。

「ビリギャルはE判定でも合格したから」とのんきにかまえている人がいるとしたらとても危険です。ビリギャルは血の滲(にじ)むような努力をして、1年で偏差値を40も上げたそうです。それくらいの根性がないとE判定から合格というのは実際にはなかなか厳しい、というのがリアルなところ。そしておそらく受験当日の彼女の学力はE判定ではなかったはず。

つまりみんなに見習ってほしいのは「E判定なのに受かった」という事実ではなく、**「諦めずにストイックに勉強した」という事実**です。

E判定のとらえ方

E判定の志望校は本当にことごとく落ちます。 稀(まれ)にラッキーが起きることもありますが、それを狙いにいってはいけません。

ただ、E判定で夢を諦めそうな人に言いたいのは、E判定はあくまでも模試を受けた当日の学力。受験本番までにもっと判定が上がる状態になればいいのです。

とはいえ、1年間本気で頑張っても本番直前の模試の結果がE判定になる人もいるかもしれません。そこまで来てしまったら**「それでも合格できる確率はゼロではない」と開き直るしかない**でしょう。

自分が第2のビリギャルになるつもりで、本番まで諦めないこと！

「ダメだろうな」と思って勉強するのと「まだ可能性はある」と信じて取り組むのでは、身につき方も違ってきます。受験本番でのパフォーマンスも変わってくるはずです。

No.
077

「告白されたけど、勉強に集中できなくなるから付き合わないほうがいいですよね？」

受験生こそ恋愛しろ！

よい恋愛は
勉強にもよい影響を与える

恋愛が上手くいくと勉強でもやる気が出るよ

よい恋愛は勉強によい影響を与える。これは研究でも証明されています。そして僕個人的にも大賛成です。

受験生だからって好きな人と付き合うのをやめたら絶対後悔します。

なぜって、**恋愛していても勉強を頑張ることはできる**から。

むしろ、恋愛が上手くいっているときって、ほかのことへもいい影響がありません？

だからきっと勉強も頑張れるようになります。

実は僕も高3の付き合っている人がいました。振り返ってみて「勉強にもいい影響があったな」と感じています。

ただ、「勉強を頑張らなくてはいけない」ということをしっかり話し合っておく必要はあります。

ちなみに、高校生の恋愛と成績に関する研究はデンバー公立学校で2013年に行われていて、それによると過剰な恋愛は明らかに勉強への悪影響があったそうですが、**節度をわきまえたものであれば、むしろよい影響があった**そうです。

付き合う相手次第？

ただ僕の経験をもとに1つ言えるとしたら、**勉強を応援してくれる人と付き合ったほうがいい**ということ。

「勉強ばっかりしてないでLINE返してよ」と言われても、困りますもんね……。

相手も同じ受験生ならお互いに応援できるし気も遣いあえるんだろうけど、そうでないと案外難しいかも。

恋愛がマイナスにならないように、**「勉強中はLINEのやりとりをしない」などのルールを事前に決めておけば、上手く両立できるはずです。**

No.

078

「勉強する時間がなくなるから部活はやめた方がいい？」

部活はやめなくていい！

運動や筋トレは
集中力と記憶力にも効く

筋トレ20分で記憶力10％アップ

運動は体だけでなく、脳にもいいことがわかっています。

2014年、ジョージア工科大学で筋トレによる記憶力への影響を調べる実験が行われました。

まず被験者に写真を記憶する作業を行ってもらい、その後、2チームに分け、片方には簡単な筋トレを20分、もう片方には何もしてもらいませんでした。

2日後、被験者がどれくらい写真を覚えているかをテストしたところ、**筋トレをしたチームのほうが10％ほど記憶率が高かった**そう……！

運動をすると脳内の神経伝達物質が増え、記憶が強化されるのが理由で、研究者によると**毎日20分くらい運動をすることで脳が活性化される**そうです。

ちなみに筋トレといってもそんなに難しいものではなく、足の屈伸やペットボトルを持って腕を上下に動かすなどの簡単なもので大丈夫！

部活を頑張れる人は勉強でも成果出せる

僕も小学校→野球、中学校→テニス、高校→バドミントンと、何かしら運動はずっと続けてきました。

周りを見ていても、**部活をやっている人って時間の使い方が上手いなと感じることがよくありました。**実際、部活をバリバリやっていても現役で東大や京大、医学部に合格している人もいたしね。

だからもし部活と勉強の両立を不安に思っている人がいたら、安心して部活を続けてほしいです。

部活に向けていたエネルギーや姿勢を勉強にぶつけたら、かなりいいセンいけるんじゃないかな。

「部活ばっかやってないで勉強しなさい！」なんて言ってくる大人がいたら、「運動すると記憶力が上がるんだよ」と言い返そう。

No.
079

医学部の受験を
考えている人へ

他の学部以上に、「戦略」が決め手

まずは共通テストに
全力投球すべき理由

国立大学医学部志望者は「共通テスト」に命をかけろ

せっかくなので、医学部についても話しておきたいと思います。医学部合格のためには、ほかの学部を受験する人以上に**戦略**が大事です。

声を大にして言いたいのは、**「国立医学部を目指すなら共通テストに全力投球しろ」**ということ。

「共通テスト対策は12月からでいい」という医学部志望者もいましたが、安定して9割くらいとれている人以外は、それじゃ遅すぎます。

実際そういう人はことごとく共通テストに失敗し、医学部への出願を諦めていました。

逆に言えば、共通テストで92％くらいとっておけば、それだけでどこかしらの医学部にほぼ合格決定みたいなものです（後期日程だと共通テストと小論文だけの大学もある）。

共通テスト対策だけだと不安になるからか、早くから二次試験対策に力を入れる人も多いですが、そもそも基礎レベルの共通テストがダメなら二次試験ができる可能性は低いと思ったほうがいいでしょう。

医学部受験は情報戦

国立医学部、私立医学部のどちらとも情報戦になります。

国立大医学部だと、大学によってだいぶ配点が違います。共通テスト重視の大学もあれば、どちらかといえば二次試験重視の大学もあります。

もっと詳しく言うと、共通テストの国語や地理に比重を置いて配点をいじっている大学もあれば、逆に二次試験の理科の比重が高くなるように配点をいじっている学校もあります。さらに、二次試験で数学がない大学もあります（あくまでも一例で、他のパターンもあります）……！

だから、**自分の得意教科や共通テストでどの教科が上手くいったかによって、志望校を変えるパターンは非常に多い**です。

どの大学がどんな入試パターンなのかを事前に知っておくと、有利に戦いを進めやすくなりますよ！

No.
080

医学部は東大・京大より難しいのか？

地方国立医学部＝京都大学工学部くらい

比較は難しいけど言えること

医学部受験のリアル

「医学部の難易度がよくわからない！どのくらい難しいんですか？」

こんな質問をDMでいただくことがよくあるので、僕の感覚でお伝えしておこうと思います。

日本の大学で一番難しいのって東大や京大ですよね。

それと比較すると、医学部のレベルは次のような感じです。

- 地方の国立医学部……京大（工学部）レベル程度
- 少し難しめの医学部（神戸大学、広島大学、千葉大学、横浜市立大学、熊本大学など）……東京大学理科一類同じレベル程度
- 旧帝国大学（北海道大学、東北大学、東京大学、名古屋大学、京都大学、大阪大学、九州大学）医学部や東京医科歯科大学、京都府立医科大学など……東大理一を超えているレベル

あくまでも僕の感覚であって、厳密な比較はかなり難しいです。

問題パターンも出題傾向も全然違う！

なぜなら問題パターンが違ううえ、出題傾向も違うから。

たとえば東大は難しい問題を5～6割とれれば合格します。言い換えれば、高得点を狙うタイプではありません。

ところが東大以外の医学部の場合は、いかにミスなくこなし、簡単な問題を8～9割とれるかが勝負となってくる大学も多いのです。

このように、同じ「難関」扱いでもタイプが異なってきます。

また、各大学のレベルや偏差値などは年度によっても上下しますし、出題の傾向や配点なんかもそれぞれ違います。

ですから、あくまでも参考程度ととらえてもらえればと思います。

No.
081

かしこい定期試験
対策のやり方

「教科書ワーク」と「過去問」が必須！

ゆくゆく受験の練習にもなる

参考書と『教科書ワーク』の大切さ

ここからは少し定期試験の話をします。「定期試験の勉強だったら教科書と学校の問題集があれば十分」と思っている人はいませんか⁉

それはちょっと賢くないやり方かもしれません。

たしかに優先すべきは教科書や学校指定の問題集、先生から配られたプリント類の内容。もちろんそこから中心に出るのでしっかりやっておく必要はあります。

ただ、先述した通り、教科書のわかりやすさには限界がある。

だから、**定期試験対策でも市販の参考書を最低1冊は持っていたほうがいい**のです。いわゆる**解説本**（**説明本**）といわれる類のもの。

そしてわからないことがあったらその参考書をひたすら読み込んで理解していきます。

「何が出るか」がわかれば手は打てる

使っている教科書に対応する『**教科書ワーク**』や『**教科書ガイド**』などが市販されていれば、必ず入手しておいてください。

僕は本気で点数をとりにいきたいときは、『教科書ワーク』を2冊やっていました。特に、定期試験の国語と英語は教科書と同じ文章が出ますが、どのように問題が出されるかはわからないですよね。それを『教科書ワーク』で体験しておくのです。

この本を読んでくださっている親御さんがいたら、お子さんの学校の教科書に合わせた『教科書ワーク』を買ってあげるといいかもしれません。

また、**過去問**を入手しておくのもおすすめです！

「学校の定期試験の過去問なんて手に入るの？」と思う人もいるかもしれませんが、意外と可能です。部活の先輩や、塾や予備校の先輩、成績上位の同級生などに相談してみてください。僕も知り合いの塾ルートで過去問を入手したことがあります。先人に感謝！

受験でも過去問をおさえるのは当たり前。**定期試験でも同じことです。**

No.

082

学校では
教えてくれない秘密

定期テストの勉強は3週間前から！

この3ステップで成績がよくなる

本気で定期テストを頑張りたくても「3週間前から」で十分！

「定期試験で絶対点をとりたい」という人でも、対策は3週間前からで十分です（むしろあまり早く始めすぎてもダメ！）。

絶対に勝つための定期試験攻略スケジュールを伝授しますね！

【1週目】インプット

学校の教科書や授業ノート、問題集をひたすら読んで内容を理解＆暗記していきましょう。いま教科書と書きましたが、教科書はわかりにくいのでその分野に対応する「一人の著者が書いた参考書」を買って、それを教科書がわりにするのがおすすめ。

そして、ひたすらパターンや解法をインプットします。インプットの方法は「7-3勉強法」（22ページ）や「『覚える』→『定着させる』だけでOK」（74ページ）などを参考にしてね。

【2週目】問題演習＆弱点洗い出し

手慣らしと確認がてら、問題を解きます。

1週目で覚えた理論や解法パターンをしっかり使いこなせるように練習するというイメージ。覚えたことを実践で使えるようにしていきます。

【3週目】苦手分野のおさらいと総まとめ

前半は苦手分野や「なんとなく頭に入りにくいな」という分野を中心に、1・2週目でやった内容をおさらいがてら繰り返します。

ラスト3日で最終確認をします。問題ばかりを集めたノートを優先して確認してください。

あまり新しいものには手をつけずに、今までやったことを見直します。ただしその過程で「これも覚えられそう」と思ったものを追加で少し覚えるのはアリです。

ちなみに1・2週の工程をもう少し長くとり、3週目の作業は3～4日に短くするのもOK！　自分に合った形にアレンジしてください。

No.
083

定期テスト、3週間も前から勉強したくない！人に

「1週間」と「3日」のやり方教えます

上手くいけば
なんとか平均点いけるかも？

「1週間」でやるなら「3週間バージョン」を3分の1にすればいい

定期テスト対策は3週間前からやろうとお話ししましたが、ぶっちゃけ、「1週間前からでいいや」という方、いますよね⁉

そういう人は、**3週間バージョンの工程をすべて3分の1にしてください。**「最初の3日→インプット、次の2日→問題演習 & 弱点洗い出し、最後の2日→最終確認」くらいの感じです。

1週間で勉強するメリットも実はあって、それは**「覚え続ける努力が短くてすむ」**こと。

3週間バージョンだと、3週間ずっと維持する努力がいるからね（笑）。

このやり方でも、上手くいけば平均点くらいは狙えるかも（保証はしません）！

とはいえ確実に点をとりたいなら、3週間やりましょう！

「いちおうやっとくか」というときは3日漬け

そして、本気で点を取りにいく気はなく、さりとて一夜漬けほどせっぱつまっていない場合は**3日漬け**で対応できます。

この場合は、教科書や参考書の範囲部分をざーっと読んで、すぐに問題にとりかかってください。

インプットのための材料を作ったり、暗記したりする作業を省くということです。

理解しきれていない段階で問題演習に入るので、ところどころでつまずくはずですから、そのつど教科書や参考書を確認して進めてください。

まあ、このやり方も一夜漬けと同様、赤点は免れる程度にしかなりません。

たいした点数はとれなくても、何もしないよりは絶対にマシ。

「やば、テストまでもう3日しかない！」と気づいたときには、試してみてね♪

No.
084

意外と悩む
副教科対策！

副教科のテスト勉強は「1時間」と決める

「攻略法を立てる練習台」にしよう

「1時間でやるには」と脳がフル回転

音楽、美術、保健体育、家庭科、技術など、副教科のテスト勉強ってだるいですよね（笑）。

そんなとき僕は**「この日だけやる」「この時間だけやる」**と決めてとりかかっていました。

「1時間だけ」と決めるのも効果的です。

1時間しかなかったら、悠長に教科書を熟読する時間はありません。

そうなると、一問一答集を見ておこうとか、先生から配られたプリントがあったからそれを見ておこうとか、「最優先すべきこと」に自然と脳がフォーカスしてくれます。

だから「1時間だけで絶対ある程度の点数をとってやる」という強い覚悟をもってとりかかりましょう（笑）。

だって、言い方悪いですけど、副教科なんかに長々と時間をあてるのはもったいないですから。

ちなみにこのように時間制限を設けると、**「一番大事なこと」や「要点」を意識する練習ができます。**そして**要点をつかむ**というのは、勉強全般においてかなり大事なことでもあります。

副教科もやっぱり過去問を手に入れよ

副教科のほうも、過去問が入手可能ならば手に入れるのをおすすめします。

僕の高校時代は部活の先輩からもらうようにしていました。

中学ではその文化はありませんでしたが、地元の塾が毎年、僕の中学の定期試験の過去問をどこからか入手して配っていたので、それを使っていました。

もし手に入りそうならば入手してみると、その先生の傾向もわかるのでその後の定期テストでも予想がつきやすくなります。

No.
085

落ち込む必要はゼロ！

定期テストでは平均点でOK！

大崩れさえしなければ、
後から何とでもなる

「テストの点が悪くて悔しい」は勉強している証拠

定期試験などで目標点に届かなかったとき、「今回けっこう勉強したのになあ」と落ち込んでしまう人がけっこういます。

なかには「自分、勉強のセンスないかも」と勉強自体を諦めてしまう人もいます。

けど、勘違いしないでほしいんです。

そのような後悔の気持ちが芽生えるというのは、しっかり勉強している証拠。

自分で考えて勉強に取り組んでいるという、まぎれもない証拠です。

僕の生徒さんなどを見ていても、その気持ちがある人はやり続ければ必ず成績がついてきます！

平均点をとっていれば、今後なんとかなる

ここでちょっと質問です。

テストで平均点をとったとしたら、みなさんはどんな反応をしますか？

「まあ普通か」と思う人が多いかもしれませんが、「ヤッター」と思ってほしいんです。

なぜかというと、**平均点をとれるのはその教科や分野の基礎はしっかりおさえられているから。**

つまり落ちこぼれていないってことです。

平均点がとれていれば、これからの勉強次第で受験はどうとでもなります。

むしろ、何か1教科だけが20点とか極端に点数が低いほうが危険です。

定期テストでは飛び抜けて成績がいい必要はないのです。むしろどの教科もまんべんなく平均点くらいがとれる状態を目指そう。

その先はどうとでもなるよ。

No.
086

【番外編】中学受験は
すべきか否か？

勉強しなくちゃいけない状況を経験するメリット

僕の経験で言うと「アリ」！

中学受験のメリット

僕が中学受験をした話はコラムでお伝えしました。

中学受験は子どもによって合う・合わないがあるので、必ずしもおすすめできるわけではありませんが、僕としては**自分が中学受験をしたメリットは大きかった**と思っています。

というのは、中学受験する子のほとんどは塾に行きますよね。塾には当然のように**勉強する環境**が用意されています。

小学生の子で「自分は将来○○がしたいから○○大学に行って○○で……」みたいな勉学のビジョンを持っていることってありえないわけです。なんなら高校生でも厳しいですからね（笑）。

そんな小学生に「勉強しろ」と言ったってそりゃあ無理な話で、それでも勉強してほしいなら「勉強するのが当たり前」の環境をお膳立てするほうが早い。

塾では当たり前のようにみんなが勉強しているので、**「自分も勉強するのが普通」と子どもは思い込んでくれます。**

不合格でも心が折れるとは限らない

ただ、僕がそうだったように、必ずしも中学受験で合格できるとは限りません。

だけどそれで心が折れたかというとそうでもなくて、**地元の公立中学校に入学した段階で学力が高い位置にあることが、意外に「勉強する理由」と自信につながることもあるんですよね。**

早いうちに受験を経験しておくことで「そういう世界がある」ことも体感できます。

その後の高校・大学受験を違和感なく受け入れられるところもメリットかもしれません。

Column

TikTokのレアな裏話（前編）

✔ TikTokを見てくれているみんなへ

TikTokはじめ、Instagram、YouTube、Twitterを見てくれているみなさん！

いつも本当にありがとう！

TikTokを始めて、はや1年半が経とうとしています。みなさんの応援のおかげで本当に楽しく動画投稿やライブもできています。

「歌に合わせて豆知識をしゃべる人」として最初は認識してくれた人が多いかなと思います。

そしてきっと「なんだコイツ」って思った人もいるはず。

特に初期の動画はiPone6Sで撮ってたので、画質が昭和みたいでイマイチだったしね（笑）。

最初の「なんだコイツ」から「けっこう面白いじゃん」に変わってくれた人もいたとしたら、嬉しいです。

このコラムではそんな僕のTikTokについてや、ほかのTikTokクリエイターさんの裏話について質問に答える形式でお伝えしていきます！

✔「動画を作るのにどのくらいかかっている？」

→だいたい、**1本2時間くらい**かかっています。長いときはもっとかかるかな。

正直僕はビジュアルより内容や面白重視の動画なので、できるだけ時間を長くかけてよい動画を作りたいといつも思っているのだけど、撮影に時間がかかりすぎちゃって字余りの歌になったり、表情が固くなったりしちゃうんだよね（笑）。

だいたいのルーティーンはこんな感じです。

- 前日寝る前……動画の内容を考えて、ある程度の台本を作成（1時間くらい）
- 当日夕方……身支度＆撮影（30分）
- 撮影後……マッハで編集（30分）

なんとなくの自分ルールで、いつもだいたい撮影前にシャワーを浴びるんだけど、その時間と身支度を含めて30分なので、結局撮影しているのは15分くらいな気がします。

ほかのTikTokerさんだと撮影に2時間とかかけるらしいから、僕は短かすぎるかも。これからは撮影にもっと時間をかけて、表情やカメラの画角などをしっかり意識しようと思っています、と反省してみる（笑）。

✔「なぜ替え歌をしているの？」

→実は僕、**しょっぱなの1投稿目から替え歌**なんです。

なぜ替え歌になったかというと、以前『幸せなら手を叩こう』の曲に合わせて「あるある」を言うってのがちょっと流行っていたんだよね。

それで「これなら僕にもできるかも」と思ってやり始めたのが最初なんです。

だけど曲も一緒だと個性が出ないからと思い、最初の動画は『愛は勝つ』に合わせて替え歌をしました。しかもアカペラ！

今でもその動画が残っていますが、コメントでの言われようがまあ酷い（「何の歌か分からんかった笑」「音痴で草」）！

後から自分でも見みたら、たしかにあれは何の歌かよくわからんですわ（笑）。

……そんな感じで始まったので、今でも替え歌をしているのです。

5章

視聴者の質問に答えます！身近で意外なコツ

TikTokで配信していると、みなさんから勉強に関するいろいろな質問が届きます。なかなかちゃんとお答えできていなかったので、ここでたっぷり回答していきます！

No.
087

「1日1教科だけに集中してやるのは効果的？」

暗記作業は2時間まで！

勉強を1日中勉強するときは、
これを意識しろ

同じパターンの勉強ばかりはNG

勉強には「暗記」「演習」などさまざまな過程が存在します。

もちろんどの過程も成績向上のためには必要。

ですが「今日は1日暗記しまくる日！」「明日午後は問題演習しまくる！」といった生徒さんの声を耳にすると、「それはやめておけ」といつも思います。

同じパターンの勉強を1日続けるのは、あまりいいとは言えないやり方だからです。

理由は、脳の同じ部分ばかりを使うと疲れるから。

筋トレでもずっと同じところばかりは鍛えられませんよね！

脳もそれといっしょで、暗記作業をしばらく続けていくと、僕の場合はだんだん吐き気がしてくるんですよね……。

「これ以上は覚えられない、無理」という感じ。

だから**「2時間暗記をしたら次の2時間は演習」など、違うパターンの勉強を組み合わせてやるのがおすすめです。**

脳が疲れているときの勉強は、意味なし

脳が疲れてくると、それ以上続けてもほとんど意味がありません。

たとえば暗記中に**「なんとなく頭への入りが悪くなってきたな」と感じたら、それは脳が疲れてきているサイン。**そのまま暗記しまくるのは無意味です。

暗記に疲れたら演習に変えたり、いっそのこと勉強以外のやらなければいけないことに取り組んだりする時間にしましょう！

目安としては、1つのパターンを続けるのはだいたい2時間まで。

「もっとやれる」と感じる人もいるかもしれないけど、それは気持ちの問題。

脳はもともと飽きっぽい性質だから、長く集中し続けるのは不可能です。精神論に頼らず、脳や体の機能を理解して効果的な勉強をしてね。

No.
088

「通学中にやるべきことってある？」

電車は最高の勉強空間！

勉強しないのは損です

電車内の集中力は異常なほど高くなる

電車内の勉強が一番集中できる！

家でやるよりも100倍効率がいい！

……と言っても過言ではないほど、電車の中は勉強にもってこいです。

短時間、かつ時間が制限されている。そして知り合いはいないけどプライベートすぎない空間。電車内ではこれらの条件がそろっています。

家のような落ち着きすぎる空間や、時間がありすぎるときはだらけてしまうのが人間。

その頃合いがちょうどいいのが電車の中なんです。

僕は浪人時代、電車で名古屋駅の予備校に通っていたのですが、片道15分のその時間、必ず勉強すると決めていました。

そのときにしていたのは英単語や英熟語の暗記作業。

自分でもびっくりするくらい集中できちゃって、急行で行けば早く着くのにわざと鈍行（普通列車）で帰ったりもしていました（笑）。

すき間時間学習が凄すぎる

「今日は1日勉強しよう！」「今日は1日筋トレしよう！」など、「今日は1日〇〇しよう」と思っても、案外間延びしちゃって結局あまり進まなかったという経験、誰にでもあるのではないでしょうか？

だからむしろ、**ほかの予定があるというのが勉強にとってはよいことだったりします。**

「勉強するために部活やめたほうがよいですか？」とよく質問されますが、すでに話した通り、答えは「やめなくていい」。

部活も全力、勉強も全力で取り組めばいいんです。

あえて夕方から遊びの予定を入れ、それまでに勉強を終わらせるようと自分を追い込むというのも作戦としてはアリです！

No.
089

「睡眠はどのぐらい大切？ 何時間寝ればいいんですか？」

学習のためには、「時間」より「熟睡度」！

ぐっすり眠れる方法10選！

睡眠で勉強のパフォーマンスが上がる

眠くなったら授業中でも寝てもいいという話はしましたが、ここでは夜の睡眠について紹介します。

実は睡眠は「何時に寝るか」よりも「ぐっすり寝られたか」のほうが大事です。

睡眠の質を上げ、ぐっすり寝られるコツは下に紹介します。

全てをコンプリートするのは難しいかもしれませんが、できる範囲で何個かだけでも取り組んでみてください。少しでも意識することで寝つきがよくなったり、睡眠の質が上がったりするよ！

睡眠の質をあげる方法7選

それでは、とっておきの方法を7つ。

- 自分に合った枕を使う
- 室温を16～26度に保つ
- 電気を消し、ちゃんとベッドで寝る
- 寝る前にストレッチなどの軽い運動をする
- 寝る前に自分を褒める
- 夕方に運動する
- 寝る前にエビやカニを食べる

枕が自分に合ったものだと気持ちよく寝られます。デパートの寝具売り場などで枕のフィッティングをしてくれるところもあります。

室温も大事。寝ている間に室温が変化すると体に負担がかかるので、特に**夏場のエアコンはひと晩中稼働させておく**といいです。

あとは基本的なことだけど、**ソファで寝たりベッドでスマホ片手に寝落ちしたりは熟睡できません。**寝る前は電気を消して、ちゃんとベッドに入って寝ようね。

ベッドに入ったら今日あったいいことや頑張ったことを思い出して、**自分を褒めてあげる**と、よい気分で眠りにつけます♪

No.
090

「スマホ・携帯は
どうすればいい？」

携帯は30分に
1回だけ見る

悩む時間ももったいないから
「自分ルール」をしっかり決めよう

スマホを近くに置いておくだけでも成績が下がる

テキサス大学オースティン校の研究者チームらが、スマホによる脳の認知能力への影響について実験した報告があります（2017年）。

被験者800人に、サイレントモードにしたスマホを「画面を下にして机の上に置く」「ポケットに入れる」「バッグの中に入れる」「隣の部屋へ置く」のいずれかにしてもらい、深く考えないと解けない課題へ取り組んでもらいました。

その結果、もっともよい結果を残したのはスマホを「隣の部屋へ置く」にした人で、もっとも悪い結果だったのは「画面を下にした状態で机の上に置く」だったそう。

研究者らは、**スマホが見える位置にあることで脳がスマホを意識するのが原因**だと分析しています。

「自分ルール」を作ろう

TikToker の僕が言うのもなんですが、勉強中にスマホや SNS を使うときは必ず**自分ルール**を作りましょう！

僕は勉強中に携帯を見るのは、30分に1回、5分間だけにしています。

なぜかというと、**本当の集中力が続くのって20分～30分くらいだから。**

その時間はバーっと勉強して休むときはしっかり休む。このサイクルがおすすめ。

友達と LINE していると返事が気になってしまうのはわかるけど、そこは自分に厳しく、30分は時間をあけてください。

僕の周りでも、勉強ができる人ってあんまり頻繁に LINE でやりとりをしていませんでした。

もちろん、LINE 以外の Twitter、Instagram、そして TikTok などにも要注意！

自分ルールを決めて、勉強に集中できるような環境を作ろうね。

No.
091

「一夜漬けはしてもいいの？」

「一問一答」なら、一夜漬けも価値アリ

一概に悪いとは言えない理由

一夜漬け時の勉強方法

一夜漬けの経験がある人も多いと思いますが、どうせ一夜漬けするならば正しい方法で勉強したいところです。

最もおすすめなのは、**「一問一答形式の答えをひたすら暗記すること」**。

「時間がないなか、どこをやってよいかわからない」という質問をいただくこともよくありますが、その場合はこう答えます。

「学校からもらった問題集や参考書の中から一問一答形式でできる問題をやってください」

理由は、知識が頭に入りやすく、短時間で記憶もしやすく、何よりも問題形式が単純明快で取り組みやすいこと。

一番やってはいけないのは、教科書や説明本を読み返すだけで終わらせることです。

それだけだと知識が身についたとしても、その知識がどんな問題形式で問われるかまでたどりつけません。

だから理想は、一問一答形式の問題を解きながら、よくわからないところは教科書や解説中心の説明本に戻るというやり方です。

僕も何度か一夜漬けしたことあります

実際に僕も、倫理や世界史の定期試験は前日の21時くらいから一夜漬けしていました（赤点をとらなければいいと思っていたので……）。

一問一答をやりつつ、どうしてもわからないところだけガイドブックや教科書をさっと確認するくらいの感じでした。

まあ、本当に、赤点を取らない程度の結果にしかなりませんけどね……。

でも何もしないよりは絶対マシ!!

No.
092

「じゃあ、一夜漬けが終わらなくて徹夜してもいい?」

徹夜はNG! 30分でも寝て!

少し寝るだけでだいぶ違う

30分寝るだけでも定着度が高まる！

みんな！一夜漬けするとしても、一睡もしないのはやめておきましょう！

30分だけでもいいので、寝るとだいぶ変わります。

人の脳は寝ている間に覚えたことを整理し、記憶し直しています。

だから一夜漬けでテスト勉強をしたとしても、まったく寝ずに学校に行ってテストを受けるのはおすすめできません。

30分でもいいから睡眠をとると、それまでに覚えたことが脳の中で記憶として定着し、テストのときに思い出しやすくなります。

それと単純にちょっと元気にもなります（笑）。

徹夜をしたとしても、早朝の5時半～6時くらいに少し仮眠をとって、朝食を楽しみに起きてくるようにしましょう。

ちなみにベッドで寝てしまうと熟睡して寝坊してしまう危険があるので、このときの仮眠をとる場所はベッドでなくソファや、机に伏せた状態がいいでしょう。

徹夜は「結果的」になるもの

「今日は徹夜だからいいや～」的な気持ちがあると、前日の夕方などに余裕ぶっこいてあまり勉強しなくなるのは、みんな身に覚えがあると思います（僕もそうでした）。

ですから、たとえば**「2時には寝よう」と決めて、それまでの時間でめいっぱい頑張ったほうが効率的だし、体にもいい**です。

徹夜をするなら「2時までに終わらせるつもりで頑張ったけど、終わらなくて徹夜になっちゃった」という、「結果的」なものにしておきましょう。

ま、定期テストとはいえ本当は計画的にやって、前日はしっかり寝るべきではありますが……。みんな頑張れ～！

No.

093

「休みの日は
ついサボって無駄な
1日に……」

集中力のない人におすすめのスケジュール

1日の過ごし方で成績は変わる

僕はこんなスケジュールで勉強をしていました（休日）

ここで僕の受験生時代の1日を紹介します。特に僕みたいに集中力のない人は必見！ 参考になる部分があれば、取り入れてみてね。

9時

・起床してすぐに机へ向かう

・勉強しながらパンやカロリーメイトなどの軽い朝食をとる

・苦手科目や嫌いな分野を優先して勉強する

12時

・昼食は30分程度。蕎麦（そば）やうどんなど軽めのものを

・昼食後は教科や分野を変える。英単語や熟語などの暗記ものなど

・眠くなったら15～20分程度で昼寝をすることも

・途中で内容を変える。インプット作業に使うノート作りなど

15時半

・散歩やコンビニへ出かけるなどの気分転換を挟む

・1時間くらいの休憩をとることも。テレビを見たり家族としゃべったりジョギングをしたり。予備校にいるときはこの時間でカフェに行くこともある

16時半

・新しい朝を迎えた気分で勉強再開。以降、集中力が切れるまで続ける

・内容を変える。自作のノートを使ったインプット作業など

19時半

・集中力が切れたタイミングで夕食。食べながら勉強をすることも

20時

・勉強再開

・内容を変える。英語の文章の音読など

22時

・勉強終了！好きなテレビ番組を見たり入浴したりする

・寝るまでに「ひとり面談」をする。24時か、遅くても1時には就寝

No.
094

「あのオンライン
サービスって
実際どうなの？」

スタディサプリはシンプルにおすすめ！

月額2000円ちょっとで
全教科の授業が受け放題

スタディサプリとは？

『**スタディサプリ**』って、みなさん知ってますか？

テレビでもたくさんCMしている、リクルートのオンライン学習サービスです。

このサービスのすごいところは、月額2000円ちょっと（高校生用のベーシックコース）で、びっくりするくらい有名な講師の授業が受けられること。予備校だと、その何倍ものお金がかかります……。

僕が受験生の頃はまだなかったサービスなのですが、当時あったら絶対に登録していたと思います。

このサービスの何がいいかって、安いのももちろんですが、スマホ1台で「いつでもどこでも見られる。途中で止められる、何度でも見られる」ところ。

スタディサプリの正しい使い方

じゃあ塾に入らずスタディサプリだけに頼っていいかという質問がありそうですが、僕個人としては全然OKと考えています。

ただ、それ以外にもさまざまな使い方ができるし、月額もリーズナブルなので、すでに塾や予備校に通っている人もサブ感覚で登録して自分の好きなように使うのもアリかなと。

こんな臨機応変な使い方ができます。

- 苦手な部分だけ集中的に見る
- 学校の授業で聞き逃したことやわからなかった部分だけ集中的に見る
- 問題を解いていてわからなかったらそこをピンポイントで見る

ちなみに僕だったら**とりあえず登録しておいて、必要なときに苦手な分野だけ見る**かな。あとは定期試験の前に、テスト範囲の内容だけザーッと見るのもよさそうです。

動画だから倍速も変えられるし、夜中でも早朝でも好きなときに使えるのはメリットが大きいですね。

No.

095

「授業について
いけなくて焦る〜！」

ついていけないなら、無理についていかなくていい！

だから、勉強を投げ出すことだけはしないで

学校についていけない人へ

「授業についていけてない」と焦っている人もいると思います。

焦る気持ちはわかるけど、学校の授業に無理してついていかなくても大丈夫です。

正直、いくらでも巻き返しがききます。

ではどうやって巻き返すのかといえば、そのためにあるのが「**一人の著者が書いた参考書**」です（21ページ参照）。

参考書を最初から最後まで全部完璧にマスターするつもりでやり込めば、自然と追いつきます。授業についていけないなら家や塾でゆっくり勉強すればいいんだし、長期休みに巻き返すことも余裕で可能。

それにぶっちゃけ、勉強の本番は受験なので！

受験本番に間に合えば、別に学校の授業についていけなくても全く問題なし。しいて言うなら、数学、英文法、古文・漢文の文法だけは175ページでお伝えした理由からも、気をつけておいてね。

勉強からドロップアウトするな！

一番残念なのは、学校の授業についていけないからといって勉強自体からドロップアウトしてしまうことです。

これまで僕の周りでもそういう人、たくさんいました。

でも、勉強のやり方を変えたり教科書でなく参考書で勉強してみたりと工夫すれば成績は上げられたかもしれないんです。

実際、中学時代にも不良っぽくて全然勉強しない友達の中に、すごい頭よさそうな子がいました。本気で勉強されたら僕、かなわなかったと思う。でも、勉強や受験自体から離れてしまったら、勝負の土俵にも上がれないわけ。

今までのやり方では上手くいかなかったもしれないけど、たとえばこの本などで勉強方法を学んだら、即座に成績が伸びたりするかもしれない。だから諦めないで！

Column

TikTokのレアな裏話（後編）

✔「TikTokを始めて何か変わった？」

→正直「めちゃ大きく変わった！」という実感は特にないです。

ただ、「始めてよかった」というのは心から思います。

僕は昔から人前に立つのが好きで、出しゃばって生徒会長とかもやっていました（笑）。だからYouTubeやTikTokもやってみたいという気持ちが強かったので、自分のやりたいことができているなと感じています。

と同時に僕、実は4年くらい前にアメブロでブログを書いていたことがあるんです(現在は閉鎖中)。

僕としては勉強方法に関してはけっこう自信があったので、そのときも勉強法のお話を書いていました。

それをこうやって本として出版できているのはTikTokがきっかけなので、**始めて本当によかったなと思っています。**

✔「クリエイターさん同士でつながりってあるの？」

→これは人によると思いますが、**僕はどんどん絡みにいっています**（笑）。

今までの僕の知り合いとはまた少し違うタイプの人もいて、けっこうユニークな人も多いです。

僕が会ったことある人の中でランキングを作ってみたよ↓

・優しい人ランキング1位→指男さん

・カッコイイ人ランキング1位→けいくん

・可愛い人ランキング1位→じゅなたさん

・面白い人ランキング１位→男性：クリスのバスケ日記、女性：神堂きょうかさん

・スゴ技ランキング１位→ゆーだまさん

✔「TikToker 同士で付き合っている人いる？」

→います。もちろん誰とは言えないけどね！

公言していないけど、こそこそ付き合っているカップルもいたりいなかったり（笑）。

✔「TikTok ってお金になるの？」

→**正直なりません。**

TikTok 内で稼ぐ方法としてはライブでの投げ銭と PR 案件かなという感じですが、PR 案件はみなさんが思っているよりは全然依頼が来ません。

僕の場合、PR 案件は来ても月イチかなって感じなので、それで暮らせるというわけでもなく、ライブで稼げている人もごく一部って感じです。

だからフォロワーがまあまあいる人でも急に TikTok をやめちゃう人がいます。

もったいないなとは思うのですが、稼がないと生きていけないので仕方がないというのが現実です。YouTuber さんはけっこう稼げるのでなかなかやめないですよね。羨ましい（笑）！

✔「500 本以上の動画の中で思い出に残っているものは？」

→４つあるので順番にあげていきます。よかったら見てね！

❶ 1番最初に100万再生までいった2020年6月9日の動画

❷ 10万フォロワーを達成したきっかけの2020年8月22日の動画

❸ TikTok オーディション最優秀賞をいただいた2021年3月4日の動画

❹ 全くバズるつもりがなかった2021年3月22日の動画

6 章

終わりに僕が伝えたいこと

まだまだみんなに伝え足りない「ホントのホントに大事なこと」をまとめました。僕の思い、みんなに届け……！

No.

096

「自分は勉強に
向いてない気がする」

単純にもっと「練習」すればいいだけ！

本気でやってみると、
必ず上手くなる

やらないよりやっておいたほうがお得

勉強する理由はいろいろありますが、僕が思うのは**「自分が何にでもなれる可能性を高めるため」**です。

違う言い方をするなら**「人生の選択肢が増える」**。

ほかにすごく得意なことや打ち込みたいことがあるならそっちを頑張るのもありなんですが、もしそっちがダメになったときにつぶしがききやすいのが勉強です。

それに学生時代って勉強から逃げられない。

どうせやるならちょっと頑張って、いい成績残したりいい大学行ったりしとけば、その後の人生で得することがたくさんあります。

「○○が苦手、下手」は単に練習していないだけかも？

大人にも「自分は勉強できないキャラだから」とか「学生時代に全然勉強しなかったから」みたいな言い方をする人っているじゃないですか。

なんかあれ、ちょっと諦めが入っているように聞こえるんですよね。

勉強できないとか苦手とか、いったい誰が決めたんだろう？

でも僕にもそういうとこはあって、「絵が苦手、下手」ってつい言っちゃうんですよね。

でもよく考えたら、絵をちゃんと勉強したことも練習したこともないわけです。

だからさ、自分で勝手に決めてるだけなんだよね。

それって勉強も同じかもしれないです。

もちろん勉強するより遊んでいるほうが楽しいのはよくわかります。

でも遊んでいるときってちょっとむなしさみたいなものもあったりしませんか？

「何かを得ている」「向上している」という感覚が得られるのは勉強の大きなメリット。

とりあえず、この本のやり方を真似してどうなるか、試してみてよ♪

No.
097

「元カレ・元カノのことが忘れられなくて勉強に集中できないッ！」

悩みがあるときこそ勉強に依存しろ

するとは悩みはいつか消えちゃう

何かに集中していると悩みを忘れる

恋愛や人間関係などで深く悩んだり凹んだりするタイミングは誰にでもあります。

たとえば、元カノ・元カレが忘れられなくてつらいってとき、ありますよね。

その場合は、**その人の欠点や嫌なところを思い出す**のがおすすめ！

その人のことを考えなくなるまでに、だいたい1～2か月かかるのが普通とも言われています。

もしそれでもダメだったら、その元カノや元カレ以上に依存できる何かを見つけましょう！

というのも、人間って何かに集中していると、それ以外のことってわりとどうでもよくなるというか、けっこう忘れられるもんなんですよね。

で、**恋愛のかわりに依存する対象として勉強もおすすめ**です。

勉強は頑張っただけ結果がついてくるし、やって褒められることはあっても怒られることはないですよね。しかも将来役に立つ。

とりあえずの逃避先としてでもいいから、新たな依存対象として勉強ってすごくおすすめです！

「やるべきこと」があるとメンタルは健康でいられる

たとえが変わりますが、定年退職した人が急に元気がなくなったり不健康になったりするのって、ようするに「仕事」という依存先や集中する先がなくなるから。

つまり、仕事や勉強のように「やらなきゃいけない」というものであっても、何か集中する対象があったほうが人は元気でいられるんです。

メンタルが強くない、感情が波打ちがちと自覚している人こそ、自分が主体となって打ち込める先を見つけましょう。

大人なら仕事、学生なら勉強が一番手っ取り早いですよね。

というわけで、悩みがある人こそ、とりあえず勉強しとこ！

No.
098

「人に言うと、
達成できるって本当？」

目標は口に出してはダメな場合もある

自分の性格を見極めよ

「目標は口に出すべき」は嘘

「目標は他人に公言すべき」みたいなことが書かれた本がよくありますけど、目標って、口に出さないほうがいい場合もあります。

行動心理学の専門家であるロバート・アンソニー博士によると、目標や夢を口に出すと、**それを邪魔したい人から嫌なことを言われる可能性がある**そうです。

受験生にあてはめると「そんなに難しい大学、ムリじゃない？」「浪人決定だね」などかな？

こんなこと言われたら、たしかにテンション下がっちゃいそう。

また、心理学者のピーター・ゴルウィツァーが2009年に行った実験では、**目標を口に出したグループのほうが早く諦めてしまううえ、ゴールまでの距離の見積もりも甘かった**といいます。

目標を口に出したことで満足してしまい、モチベーションが続きにくくなるんですね。

自分はどっちの性格か？

とはいえ、**目標を口に出すと多かれ少なかれ責任感は芽生える**という人もいます。

「言ったからには実現するぞ！」と気合いが入るタイプの人は、口に出すことが行動を起こすきっかけになるかも。

つまりその人の性格によるということですね。

黙っているほうが自分のペースで進めやすそうですしね。

友達や親戚に「どこ受けるの？」と聞かれても、自分が言いたくなければ言わなくていいんです！

No.
099

「医学部に
興味があります」

本当に医者に
なりたい人しか
目指してはダメ！

犠牲にするものも多いからこそ
よく考えて

医学部6年間はある意味無駄

医学部志望でこの本を手に取ってくれた人もいると思います。ありがとうございます。でも、そんな人にあえて問いたいと思います。

「なぜ医学部に行きたいの？」

「医者という職業に就きたいから」と答える人が多いでしょう。それはもちろん素晴らしいことです。

しかし、医者になるまでには相当勉強に時間を費やさなければいけません。大学受験の勉強、そして大学6年間の勉強。仮に高校2年生から勉強を始めたとしても、**8年間は勉強しなくてはならないのです。**浪人をしたらそれ以上。

これだけの期間、自分の人生を投資しなければいけないのです。

人生の若いこの大事な時期を、これだけ勉強に使うことを、よしとするかどうかは人それぞれの価値観でしょう。

本当に医者になりたい気持ちがある人にとって、この期間は本当に大事。ただ、医者という職業以外にもっとやりたいことがある人は、勉強にしばられてしまって、やりたくてもできなくなってしまうことも。

だから、よくよく自分の胸に手を当てて考えてほしいんです。

「本当に医学部でいいのか」って。

そこで「はい」という答えが出た人は、勉強にも本気になれるんじゃないかな。

実際に入ってみたら、どういう場所？

かといって医学部に入って6年間勉強しっぱなしかというと、そうではありません。もちろんほかの学部よりは勉強しなければいけませんが、遊ぶ時間はあります（ただ、テスト期間は本気で勉強するしかないけど！）

きついことばかりを述べたかもしれませんが、思ったより楽しく過ごせるのが医学部です。医者という職業は魅力的でもあるので、選択肢の1つに入れてみてね。

No.
100

「ほかにやりたいことがある。どうしても勉強しなきゃダメ？」

勉強したくない人はしなくていい

やるなら、自分で決めよう

「勉強している人が偉い」のか？

最後の最後でどんでん返しするようなお話をします。ごめんね。

この本は勉強したいけど上手くいかない、やり方が分からない人の手助けに少しでもなればいいなという思いでここまで書いてきました。

内容は全て事実ですし、最高のものになったと思っています。

ただ、**自分が勉強するかどうかは、自分で決めればいい**と僕は思います。

「勉強とは違う夢がある」「やりたいことがある」という人は、そっちに時間を使うべきだとも思います。

もちろん勉強することで、将来の幅が広がるというのは事実ですが、逆にみんなが受験勉強している間に、ほかのことで結果を出している人もたくさんいます。

そういう人は勉強を捨ててそちらを頑張るというのもアリ。実際、勉強以外の分野に凄い才能を持っている人はいっぱいいます。

YouTuber、TikTokerもそう。ほかにも有名な写真家さん、画家さん、漫画家さん、作家さん、芸能人、アスリート。成功するかどうかには運も必要だとは思いますが、みんな素晴らしいですよね。

僕は中学時代、同世代のプロフィギュアスケーターの浅田真央さんを見てこう思いました。「この人はフィギュアスケートで日本一、いや世界一をとっている。僕も日本一にまではなれなくても、努力次第で他人に勝てるものは何だろうか？ 部活の結果も中途半端だしな」。そう考えていたら、こうひらめきました。「**勉強ってどうせみんながしなくてはいけないものじゃん。じゃあ、人よりも少し頑張ってみるか**」。

これが、僕が勉強を頑張り始めた原点のような気がします。

頑張る対象は勉強でなくてもいい。

勉強以外に極められそうなものがあるなら無理に勉強しなくてもいいと思います。もちろん、その道でやっていく覚悟や責任は伴うけど。周りに言われて渋々取り組む勉強は意味がない。**やるなら、自分で決めよ！**

ラクラク成績が上がっちゃうコツ ベスト100

勉強ベタのための教科書

2021年12月4日　第1刷発行

著　者
とっしー

発行者
大山邦興
発行所
株式会社　飛鳥新社
〒101-0003東京都千代田区一ツ橋2-4-3　光文恒産ビル
電話（営業）03-3263-7770（編集）03-3263-7773
http://www.asukashinsha.co.jp

イラスト
ヤギワタル
装　丁
小口翔平＋阿部早紀子（tobufune）
本文デザイン
荒井雅美（トモエキコウ）

印刷・製本
中央精版印刷株式会社

ISBN978-4-86410-857-7

編集担当
矢島和郎